KB116266

알기 쉬운 연극치료 시리즈 1

# 놀이로 만나는 연극치료

박미리 저

학지사

# 시리즈 발간사

2005년 연극이 치유 기능을 가지고 있다는 믿음을 확산하기 위하여 문화체육관광부 산하 사단법인 연극치료협회가 창립되었습니다. 이후 활발하게 활동한 이래 임상과 연구 두 분야에 걸쳐 지식과 실력을 갖춘 전문가들이 양성되었고, 이들을 주축으로 한국 연극치료학 연구의 심화가 이루어졌습니다. 그 결과, 한국연극예술치료학회지는 그 알찬 내용을 인정받아 한국연구재단 등재지로서의 위상을 확립하였습니다. 특히 자랑스러운 것은 이 모든 발전이 우리 문화와 전통을 바탕으로 이루어졌다는 사실입니다. 이제 우리의 토양 위에서 이루어진 연극치료 이론이 세계를 향해 나아갈 준비가 되었습니다.

이 시리즈는 그 첫 결실로, 연극치료를 통하여 우리 사회의 건강과 행복을 도모하고자 기획한 것입니다. 각 저자는 연극치료와 관련된 여러 분야의 전문가로서, 스스로 경험한 내용을 독자들이 쉽고 편하게 읽고 이해하여 일상에 접목할 수 있도록 하였습니다.

이 시리즈의 출판을 흔쾌히 맡아 주신 학지사 김진환 사장님께 감사드립니다. 처음부터 연극치료에 지대한 관심을 가지고 아낌없이 지원해 주신 덕분에 연극치료가 이만큼 성장할 수 있었습니다.

앞으로도 계속 연극치료 연구와 실제 활동 내용을 발표하면서 독자 여러분과 만날 것을 약속드립니다.

한국연극예술치료학회

박미리

머리말

# 사람을 믿는다는 것은

이 책을 구상하면서 연극치료를 만난 이후 지금까지의 시간을 돌아보았습니다. 우여곡절, 파란만장, 달콤 쌉싸름한 그 세월 속에 수많은 사람과의 만남이 있었습니다. 그중에 연극치료 현장에서 만난 사람들을 떠올릴 때마다 뭔지 모를 뭉클함과 설렘에 그 만남을 기록해야겠다고 생각했습니다. 그러고는 새삼스럽게 그 만남이 놀이 그 자체임을 깨달았습니다.

이를 시작으로 이 책에서는 놀이가 우리 삶과 어떤 관련이 있는지 살펴봅니다. 그런 다음 예술과 놀이에 대해 알아보고, 연극치료에서 놀이의 중요성을 언급한 르네 에무나(Renée Emunah)의 5단계 통합모델과 데이비드 리드 존슨(David Read Johnson)의 발달변형모델이 어떤 것인지 간략하게 다룹니다.

궁극적으로 이 책에서 말하고자 한 핵심은 연극치료 작업에서 놀이는 모방, 투사, 표현 그리고 변신의 네 가지 형태로 이루어진다는 것이며, 이에 대해 제가 만난 참여자들의 실제 사례를 통해 각 놀이가 어떻게 이루어지고 어떤 효과를 가져오는지 설명합니다.

책을 쓰는 동안, 여러 면에서 성숙하지 못한 제가 적어도 연극치료 현장에서는 그들과 진심으로 만나고 기꺼이 놀았음을 확인하였습니다. 제가 그들을 만나러 가면서 그토록 설레고 기뻤던 것은 나 자신이 그들과 진정한 하나가 되기를 간절히 원했기 때문입니다.

드라마 〈오징어 게임〉 마지막 장면에서 노인이 묻습니다. "자네는 정말 아직도 사람을 믿나?" 부끄럽게도 저는 선뜻 답하지 못합니다. 하지만 연극치료 현장에서 만나는 당신을 나는 그냥 믿습니다. 당신이 얼마나 간절한 마음으로 나와 만나는지 잘 아니까요. 그래야만 브레히트(Brecht)의 시처럼 마지막 숨을 거두면서도 새로 시작할 수 있다는 믿음을 가지고 함께 변화와 회복을 꿈꿀 수 있으니까요.

이 책을 내면서 감사한 사람은 더욱 많아졌습니다. 처음부터 연극치료에 관한 것이면 기꺼이 도움을 주신 학지사 김진환 사장님, 저의 의도에 따라 원고를 세심하게 편집한 김지수 선생님, 내가 진행한 연극치료 작업일지를 꼼꼼히 기록한 나의 제자 지선, 지은, 선희, 명찬 그리고 내 작업에 자발적으로 참여하고 그 성찰 내용을 제공한 미자, 차연, 혜진, 향주, 지아, 혜민, 정희, 민성, 지윤에게 감사한 마음을 전합니다. 또한 첫 만남에서 연극치료의 힘을 알아주고 재활 환자의 정서 회복에 연극치료의 장을 펼쳐 주신 파크사이드 재활의학병원 박인선 원장님의 신뢰와 지지에 깊은 감사를 드립니다. 마지막으로, 이 책에 멋진 그림을 그려 준 친구 김시윤 군을 비롯하여 연극치료 현장에서 내가 만난 여러분, 진심으로 고맙습니다. 나의 깐부, 당신 덕분입니다.

저자 박미리

# 차례

## 연극치료 작업 속 네 가지 형태의 놀이 • 141

## 제3부 경험하기

연극치료를 놀이로 경험해 보자

제 1 부

# 이해하기

## 연극치료와 놀이는 어떤 관련이 있을까

## 연극치료와 놀이는 어떤 관련이 있을까

제1부 '이해하기'는 연극치료를 쉽게 이해하기 위해 놀이와의 연관성을 살펴본다. 여기에서는 놀이와 연극이 각각 우리 삶에 어떤 영향력을 행사하는지 알아보는데, 놀이가 얼마나 자연스럽게 일상에 스며드는지 그 즐거움을 돌아보는 것이 주요 목적이다.

제1장 '놀이의 힘'에서는 본능과도 같은 놀이의 순수함을, 그리고 영화 〈오징어 게임〉에서 어떤 놀이가 왜 펼쳐지는지 살펴본 다음, 일상과 상상, 예술이라는 세 범주에서 놀이의 특성이 무엇인지 알아본다.

제2장 '연극의 힘'에서는 연극 예술이 본질적으로 놀이임을 밝히고, 그 치유적 기능이 극장에서 발현되는 것을 알아본다. 대표적으로 고대 그리스의 에피다우로스 극장과 한국의 굿판에 대해 살펴본다. 그런 다음, 시 한 편을 통해 예술로 보는 치료가 어떤 것인지 설명한다.

이러한 이해를 발판으로, 이제 연극치료에서 놀이를 어떻게 적용하는지 좀 더 깊이 있게 알아볼 준비를 한다.

제1장

# 놀이의 힘

## 1 어릴 적 즐거움

놀이는 우리 삶 속에서 어느 정도의 비중을 차지하는 것일까? 나이, 환경 또는 상황에 따라 다를 수는 있겠지만 적어도 누구에게나 인생의 삼분의 일 정도는 되지 않을까? 그중에서 어린 시절, 그리고 청춘을 다 바쳐 일한 다음 맞이하는 노년의 시간은 어쩌면 놀이가 전부라고 해도 과언이 아닐 것이다. 특히 아무런 근심 걱정 없이 놀던 어릴 적 기억은 좋은 추억으로 남아 우리 일생을 좌우할 만큼 영향을 미치기도 한다. 그래서 가수 '자전거 탄 풍경'은 이러한 놀이를 '보물'이라고 표현했나 보다.

돌아보면 정말이지 그때는 하루가 너무 짧았다. 해가 질 때까지 밖에서 뛰어놀다가 엄마 손에 질질 끌려 집으로 돌아와 잠자리에 들어서도 내일 친구들과 어떻게 놀까 궁리하며 얼마나 설레었던지! 놀이에 심취한 그 시절에는 몸과 마음이 아플 틈도 없었다. 아니, 아픔이 뭔지도 모를 만큼 그저 즐겁기만 했다. 설령 친구와 싸우고 밤새 울면서 억울해하다가도 다음 날 다시 만나면 어색함도 잠시, 모든 갈등은 눈 녹듯이 사라져 버리고 언제 싸웠냐는 듯이 더 신나게 놀곤 하였다.

그때 우리는 논다는 것이 무엇인지, 그것이 공부나 일과 어떻게 다른지 알아야 할 필요가 없었다. 이후 학령기에 접어들면서 점차

## 노래제목: 보물

가수: 자전거 탄 풍경

술래잡기 고무줄놀이
말뚝 박기 망까기 말타기
놀다 보면 하루는 너무나 짧아~

아침에 눈 뜨며 마을 앞 공터에 모여 매일 만나는 내 친구들
비싸고 멋진 장난감 하나 없어도 하루 종일 재미있었어
좁은 골목길 나지막한 뒷산 언덕도 매일 새로운 큰 놀이터
개울에 빠져 하나뿐인 옷을 버려도 깔깔대며 서로 웃었지
어색한 표정에 단체 사진 속에는 잊지 못할 내 어린 날 그 보물들…

(중략)

술래잡기 고무줄놀이
말뚝 박기 망까기 말타기
놀다 보면 하루는 너무나 짧아~

어색한 표정의 단체사진
속에는
잊지 못할 내 어린 날
그 보물들

놀이터

놀이 대신 공부가 더 중요해지기 시작했고, 어른이 되어서는 일 중심의 직업인이라는 역할이 전부인 것처럼 여기게 되었다.

물론 그렇다고 해서 놀이가 인생에서 완전히 사라진 것은 아니다. 단지 노는 형태와 방식, 목적 등이 달라졌을 뿐, 청소년과 성인 그리고 노인은 또 그 나름대로 놀이를 즐긴다. 하지만 그것은 어린 시절과 달리 학업이나 사회생활, 또는 그 연장선상에서 의미가 부여된다. 열심히 공부했으니 잠시 놀면서 휴식을 취한다거나, 일에 지친 몸과 마음을 위해 놀멍 쉬멍 한다는 것과 같이, 놀이는 삶의 중심에서 주변으로 물러나게 되었다. 놀이는 이제 훌륭한 사회인이 되기 위한 공부나 일을 더 잘하게 하는 데 도움이 되는 수단이 되고 말았다.

반면, 철없던 어린 시절의 놀이는 오롯이 그 자체였다. 다른 어떤 목적이나 이익을 추구하는 것이 아닌 무상성(無償性), 즉 놀이는 놀이 그 외에 아무것도 아니었기에 대부분의 사람은 놀이를 떠올림과 동시에 그 시절을 회상하며 해맑게 웃을 수 있는 것이 아닐까.

〈오징어 게임〉이라는 넷플릭스 제작 한국 드라마가 전 세계의 주목을 받게 된 것도 이와 같은 맥락에서 볼 수 있다. 이 영화 덕분에 세계 방방곡곡에서 사람들이 우리의 놀이를 함께 즐기게 되었다니 참 놀라운 일이다. 미국 뉴욕 한복판에서, 프랑스 파리에서, 베트남, 터키 등에서 각양각색의 사람들이 모여 어설프지만 우리말로 "무궁화꽃이 피었습니다."를 외치며 즐겁게 놀게 되었으니 말이다.

거기에는 총 일곱 가지의 놀이가 등장한다. '딱지치기' '무궁화 꽃이 피었습니다' '달고나 뽑기' '줄다리기' '구슬치기' '징검다리 건너기' '오징어 게임'이다. 그 영화가 전 세계 사람들을 사로잡은 이유는 단순히 어린이들이나 즐길 법한 놀이를 소재로 목숨을 건 게임을 하기 때문은 아니다. 그보다는 오히려 어른이 된 우리가 잃어버린 놀이에 대한 근본적인 향수가 배어 있기 때문이다.

〈오징어 게임〉에는 제일 먼저 그 집단에 참가한 1호 할아버지가 있다. 그는 주인공과 함께 몇 번의 죽을 고비를 함께 넘기는 동안, 서로가 서로에게 깐부가 되었음을 강조한다. 그렇기에 깐부끼린 니 꺼 내 꺼가 없는 사이라고 말할 수 있었다. 어릴 때 사귄 친구 사이는 어떤 허물도 거리낌도 없이 형제자매와도 같았다. 내가 너이고, 네가 나니까 말이다. 어릴 적 놀이가 즐거운 이

오징어 게임 포스터

유는 바로 이처럼 아무런 사심 없이 우리를 '깐부'가 되게 했기 때문이다.

물론 이 영화가 전 세계를 강타한 배경에는 어떤 열악함 속에서도 인간다움을 잃지 않으려는 멜로적인 정서가 배어 있는 데다가 '돈'과 '내기' 등을 통해 인생을 관조하게 하는 깊이가 깔려 있기 때문일 것이다.

아무것도 모르던 어린 시절, 놀이는 마냥 즐거웠다. 그때 우리는 누구나 '직접' 놀이에 참여하였고, 조건 없이 사람을 믿는 '깐부'였으며, 하루 종일 '재미'가 넘쳤다. 아! 다시는 돌아갈 수 없는 그때 그 '순수함'이여!

# 〈오징어 게임〉 속 놀이

놀이에는 여러 종류가 있다. 물론 어떤 관점으로 보는가에 따라 놀이의 종류가 달라지겠지만, 가장 단순하게는 놀이에 참여하는 사람 수에 따른 분류법이 있다. 〈오징어 게임〉에 등장하는 일곱 가지의 놀이 역시 혼자 놀기, 둘이 놀기, 여럿이 놀기로 나뉜다.

## 1) 혼자 놀기

어릴 때 학교 수업을 마치고 교문을 나서면 연탄 화로를 앞에 놓고 갈색 설탕이 담긴 국자를 휘휘 젓는 아저씨가 있었다. 우리 중 그 누구도 그 옆을 무심히 지나쳐 가지 못했다. 아저씨가 달달한 냄새가 나는 갈색 액체를 판에 부으면 우리는 그 주변에 빙 둘러앉아서 호기심 가득한 눈으로 아저씨가 과연 어떤 모양으로 찍을지 지켜봤다.

아저씨는 우리를 보고 씨익 웃음 지으면서 동그라미, 세모, 네모, 별 심지어 우산 모양까지 다양한 형태로 찍어 내렸다. 그러면 우리는 각자 원하는 모양이 찍힌 것을 하나씩 받아 들고, 그 모양이 깨지지 않도록 조심조심하면서 조각조각 뜯어내기 시작했다.

달고나 뽑기

그 달콤한 조각들은 당연히 우리 입 안으로 들어갔다. 찍힌 모양 그대로 조각을 완성한 아이들은 환호성을 지르며 기뻐하고, 반면 나처럼 손재주가 없는 아이는 매번 실패하여 울상 짓던 기억이 생생하다.

그런데 최근에 이것이 전 세계 사람들이 즐기는 '달고나 게임'으로 알려지게 되었다. 예전에는 그냥 뽑기로 불리던 그것이 이제는 '달고나'라는, 듣기만 해도 입 안에 침이 고이는 멋진 이름으로 변신해서 말이다.

돌아보면 어릴 때는 혼자 놀 수 있는 것이 많았다. 공깃돌 놀이, 인형 놀이, 레고 놀이 등등. 갖고 놀 수 있는 무언가가 있으면 잘 놀 수 있었다. 그러한 놀이는 자연스럽게 물체를 조작할 수 있는 기술을 습득한 결과였다. 공깃돌 하나를 공중에 던진 다음 바닥에 있는 공깃돌을 손에 모아 떨어지는 공깃돌까지 잡으면 놀이는 완성되는 것이었다. 조각조각 작은 레고들을 짜 맞추어 로봇도 만들고 멋진 건물도 배도 비행기도 만들 수 있었다.

이처럼 손을 놀려 무언가 만드는 놀이가 많은데, 아마도 우리는 태어나기 전 엄마 뱃속에서부터 자연스럽게 혼자 놀기 시작했을 것이다. 그래서 어른들은 갓난아기가 저 혼자 손가락을 빨거나 발가락을 잡고 버둥거리는 모습을 보고 흐뭇해하면서 "우리 아기 혼자서도 잘 노네."라고 말하는 것이리라.

아기가 노는 데에는 어떤 도구도 필요치 않다. 오로지 자기 몸만으로도 잘 논다. 아기는 천장에 매달린 모빌을 바라보면서 까르르 웃고 이따금 손을 뻗어 만지려고 한다. 또 조용한 음악이 들리면 스르르 잠이 들고 시끄러운 소리에 울면서 깨곤 한다. 누군가 아기를 보고 웃으면 지그시 바라보다가 생긋 웃기도 한다. 몇 개월이 지나면 저 혼자서 몸을 움직여 엎어지고 기어다니기 시작한다. 그러다가 무언가 손에 잡히면 닥치는 대로 입에 가져가

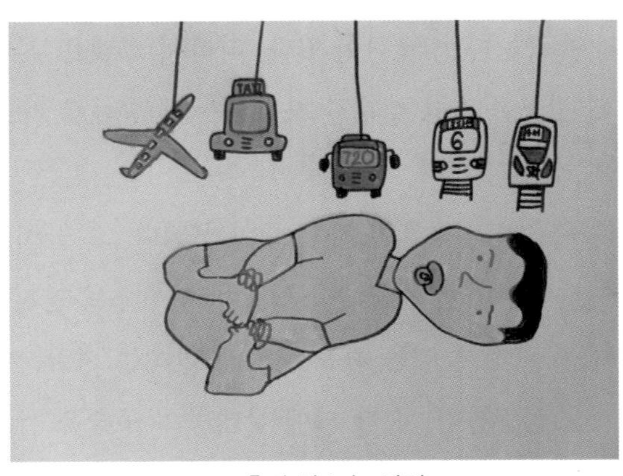


혼자 잘 노는 아기

기도 하고, 오감을 다 사용하여 온몸으로 노는 데 열중한다. 그러면서 차츰 몸을 가누고 아장아장 걷기 시작하며 본격적으로 움직이게 된다.

놀이는 이처럼 우리 인생의 출발이다. 이때 놀이는 삶의 전부이며, 다른 어떤 것도 존재하지 않는 무념무상의 세계이기도 하다. 우리는 아직 행복이 무엇이며 슬픔이 무엇인지, 만족과 결핍이 각각 어떤 것인지도 정확히 모른 채, 놀이 자체에 그리고 자신에게 집중한다. 이 시기를 지나 타인이라는 존재를 인식하게 되면 같이 놀기가 시작된다.

## 2) 둘이 놀기

영화 〈오징어 게임〉에서는 엄밀히 말해 혼자 노는 것은 없다. 왜냐하면 놀이를 통해 서로 경쟁하고 거기에서 이겨야만 살 수 있기 때문이다. 달고나 게임 역시 자신이 선택한 뽑기 모양을 완성하지 못하면 죽는다는 규칙이 있다. 따라서 그것은 '혼자 노는 것'인 동시에 성공한 자와 실패한 자로 나누어 승패를 가르는 '같이 노는 행위'가 된 것이다.

이에 비해 구슬치기는 혼자 하면 재미가 없다. 그 놀이는 상대방을 필요로 한다. 즉, 손에 구슬을 잡고 그것이 홀수인지 짝수인지 알아맞히는 '홀짝' 놀이는 하는 사람과 맞히는 사람, 이 두 존재가 있어야만 성립한다. 홀짝 외에 상대방의 구슬을 서로 던져서 맞히는 놀이 역시 마찬가지다.

영화 초입에 등장한 '딱지치기' 놀이도 그러하다. 두 사람이 번갈아 자신의 딱지로 상대방의 딱지를 쳐서 뒤집으면 이기고, 못하면 지는 '같이 노는' 게임인 것이다. 이것이 흥미진진한 이유는 놀이의 결과가 승패를 가르는 방식이기 때문이다.

앞서 말했듯이 같이 노는 것은 그 놀이가 혼자서는 놀 수 없는 것이어서 그러는 것은 아니다. 실제로 구슬 놀이와 딱지치기는 함께할 친구가 없을 때는 혼자서 상대의 것까지 하면서 놀기도 한다. 그런데 같이 노는 즐거움을 알게 되면 이후에는 혼자 노는 것이 재미없어진다. 그저 친구랑 어울려 노는 것만으로도 즐거움이 배가되는데, 하물며 이기면 상대방의 것을 갖게 되고 지면 잃게 되는 놀이는 오죽하랴.

이것은 단순히 경쟁 관계를 유도할 뿐만 아니라 승리와 성취감까지도 수반한다. 여기에서 홀짝과 던져 맞추기는 근본적인

딱지치기

차이가 있다. 후자는 일정 부분 습득한 기술에 성패가 달리는 것에 비해 홀짝은 순전히 운에 의존한다. 다시 말해, '내기'의 근원적 속성인 '우연'이 포함되는 것이다.

이 놀이에서 내가 이기면 지는 쪽은 너이고, 반대로 네가 이기면 내가 진다. 이러한 규칙은 그래야만 하는 당위성이 있는 게 아니라 어디까지나 우연히 벌어지는 일이다. 그렇기에 우리는 함께 놀면서 서로에게 진정한 친구, 즉 '깐부'가 될 수 있다.

그래서 더불어 사는 것의 소중함을, 그리고 그 안에서 서로 경쟁하며 승리와 좌절을 경험하는 가운데 사회적 존재로서의 가치를 알게 된다. '혼자 놀기'가 삶의 출발이라면, '둘이 놀기'를 통해 우리는 비로소 인생과 사회에 대해 배우기 시작한다.

### 3) 여럿이 놀기

줄다리기는 두 명이 일대일로 하는 놀이가 여러 명씩 집단을 이루어 서로 경쟁하는 형태로 확장된 대표적인 예다. 이것은 해마다 열리는 초등학교 운동회에서 빠지지 않고 등장한다. 운동회는 대개 전체 학생을 청군과 백군의 두 팀으로 나누는데, 이러한 편 가르기 방식은 경쟁심을 자극하면서도 결과적으로는 두 팀이 하나로 합쳐져서 공동체 의식이 함양되는 결과를 낳기도 한다.

줄다리기는 각 팀원이 길고 튼튼한 줄 양편에 서서 있는 힘껏 줄을 잡아당겨 먼저 자기 쪽으로 가져오는 팀이 이기는데, 이 놀이가 특히 운동회의 단골 메뉴인 이유는 어쩌면 줄을 도구로 쓰

줄다리기

기 때문인지도 모른다. 그래서 경기가 끝남과 동시에 이기고 지는 편 가르기가 아니라, 하나의 줄로 연결된 공동체로서의 의식이 강화될 수 있을 것이다.

집단으로 경쟁하는 놀이는 무엇보다 팀원의 협동심과 전략이 필요하다. 경기의 승패를 가르는 것은 팀 구성원의 강하고 약한 체력이 아니다. 객관적으로 볼 때 당연히 질 수밖에 없는 팀인데도 일치단결하여 협동심을 발휘하면 이길 수도 있다. 그런가 하면 최강팀으로 승승장구하다가도 상대방의 밀고 당기는 전략에 말려 어이없이 패배하기도 한다. 이처럼 집단 경쟁 놀이는 각자 다른 존재인 우리가 순식간에 하나가 되는 경험을 제공한다.

모든 놀이가 즐거움과 성취감을, 만족감과 설렘을 주는 것은 아니다. 재미있는 놀이의 이면에는 어두운 단면과 모순도 존재한다. 혼자 놀 때 뜻대로 만들어지지 않아 좌절하는가 하면, 같이 놀다가 격한 싸움이 벌어지기도 하고 심지어 몸에 상처를 입기도 한다. 이뿐만 아니라 경쟁 구도와 내기가 지나쳐서 빼앗고 뺏기는 게임이 극으로 치달아 '가진 자'와 '없는 자' 간에 발생하는 우리 사회의 구조적 모순을 부각시키기도 한다. 이렇게 되면 소외, 외로움과 같은 감정에 사로잡혀서 심신에 타격을 받기도 한다.

최근 들어 놀이에 대한 관심은 더더욱 많아져서 심지어는 신생아, 12개월, 24개월 등 아기들을 위한 놀이 관련 정보가 쏟아지고 있다. 더욱이 코로나 팬데믹 이후 비대면이 일상화되면서부터는 실시간 영상으로 만나거나 문자로 소통하는 새로운 형태의 놀이 문화로 점점 더 발전하고 있다. 그만큼 놀이가 우리의 삶에서 큰 부분을 차지하며 특히 건강함과 중요한 관계에 놓여 있다는 것을 우리는 안다.

건강한 사람이 잘 놀 줄 안다면, 역으로 잘 놀지 못하는 것은 건강하지 못하다는 증거가 된다. 그래서 아픈 사람들이 잘 놀게 되면 그것만으로도 회복의 조짐으로 볼 수 있다. 물론 그 수준에 대해서는 일반적인 관점보다는 오히려 저마다 가지고 있는 고유한 특성을 중심으로 보는 것이 타당하다. 왜냐하면 사람마다 자신이 논다는 기준이 다르기 때문이다. 지극히 내성적이고 소심한 사람에게 놀이란, 집 밖을 나가 다른 사람들과 어울리는 것만으로도 충분하다. 하지만 적극적이고 활동적인 사람이라면 그것은 그저 일상일 뿐이다. 따라서 연극치료에 있어서 놀이를 어떻게 이해하고 적용하는지 알 필요가 있다. 이제 놀이와 삶과의 관계에 대해 본격적으로 들어가 보자.

# 3 세 범주의 놀이

네덜란드의 역사가이자 철학자 요한 하위징아(Johan Huizinga)는 자신의 저서 『호모 루덴스』(1938)의 머리말 첫 문장을 "지금보다 더 행복한 시절에 우리는 우리 종족을 '호모 사피엔스, 즉 생각하는 사람'이라고 부른 적이 있었다."로 시작한다. 그는 놀이에 관해 학문적으로 접근한 최초의 학자로 모든 문화현상의 기원을 놀이에서 찾는 한편, 문명을 만든 주체가 바로 '호모 루덴스'라고 주장한다. '호모 루덴스'란 그가 만든 신조어로, '놀이하는 사람'을 뜻한다.

요한 하위징아
(Johan Huizinga, 1872~1945)
"아름다움 속에 살고자 하는 인간의 영원한 욕구를 만족시키는 것은 오직 놀이밖에 없다."

그가 지난 행복한 시절을 먼저 언급한 이유는 아마도 지금을 사는 우리가 그 옛날 선조들에 비해 행복하지 못하다고 생각했기 때문일 것이다. 그는 산업혁명 이후 자본주의가 번성하고 문명의 이기를 누리게 되면서 차츰 인간으로서의 주체성을 잃어버리고 일의 노예가 되어 가는 상황을 염려하였던 것이다. 따라서 그는 현대의 인간을 '호모 파베르, 즉 만드는 사람'으로 칭하는 경향이 많다고 하면서, 제3의 기능인 '호모 루덴스-놀이하는 사람'

에 대해 알아보겠다는 자신의 의도를 명백히 밝혔다.

고대인들에게 놀이는 일이나 생각, 경제 등 실제 삶과 완전히 동떨어진 것이 아니었다. 그들에게는 사색하고 연구하고 일하면서 돈을 벌고 편히 쉬기도 하고 놀기도 하는 일상이 자연스러운 현상이었다. 그들은 살면서 일과 놀이를 엄격히 분리할 필요가 없었는데, 이 말은 일 못지않게 놀이도 중요한 비중을 차지하였다는 의미다. 그러다가 근 · 현대에 접어들면서 사회는 점점 일 중심의 구조가 되고, 호모 파베르의 역할이 지배하는 세상이 되어 버렸다. 다시 말해 하위징아는 예전과 달리 근대에 접어들면서 일 중심의 가치관이 지나치게 부각되고 그만큼 놀이가 폄하되었다는 점을 강조한 것이다.

그렇다면 오늘날은 어떠할까? 새로운 문물이 쏟아져 나오고 최첨단 기술이 하루가 다르게 발전하면서 4차 산업혁명 시대에 접어든 지금, 놀이는 더 이상 일과 대립적인 관계에 놓여 있지 않다. 오히려 역으로 놀이는 이제 그 자체로 일의 중요한 부분을 차

**농경사회**
일과 놀이가 구분되지 않는다.

**산업사회**
일 따로 놀이 따로

지하게 되었다. 말하자면 놀이가 일의 영역으로 들어가서 새로운 일자리를 창출하게 되었다는 것이다. 대표적으로 게임 사업과 엔터테인먼트 사업이 그러한데, 여기에 종사하고자 하는 사람들, 즉 노는 행위를 직업으로 삼는 사람들이 갈수록 많아지고 있다. 이러한 현상은 요즘 아이들이 가장 선호하는 직업을 보면 선명하게 드러난다. 예전에는 소위 '사' 자가 들어가는 직업, 박사나 변호사, 교사 등이 1순위였던 반면, 지금은 건물주나 유튜버가 1위를 차지한다. 가진 재산으로 일하지 않고 평생 놀고먹든지, 아니면 스스로 다양하게 노는 모습을 보여 주면서 돈을 벌고 싶어 하는 시대가 된 것이다.

하위징아가 말한 '호모 루덴스' 시대가 이제 본격적으로 도래한 것인지도 모른다. 아무튼 그가 강조하였듯이 놀이는 인간의 행복에 절대적인 지분을 차지하는 것이 분명하다. 그는 놀이의 특성에 대해 다음과 같이 말한다. "그것은 어떤 자유로운 행위라고도 말할 수 있는데, 이 행위는 진심에서 그렇게 하는 것은 아니지만 어쨌든 일상생활 밖에서 행해지고 있으며 그럼에도 불구하고 놀이하는 사람을 강렬하게 그리고 완전히 사로잡을 수 있다" (Huizinga, 2005: 27). 이를 간추리면, 그는 놀이의 특성을 자유로운 행위, 일상과의 분리 그리고 몰입과 진지함으로 정의한다.

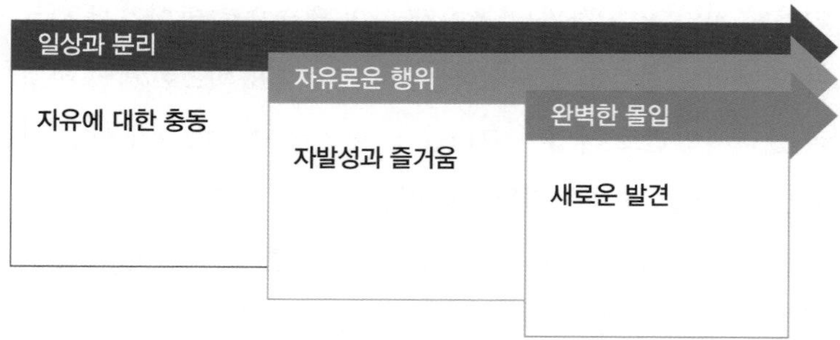


[그림 1-1] 놀이의 특성

일상과의 분리, 즉 일상생활 바깥에서 벌어지는 놀이라는 것은 살아가기 위해 의무적으로 하는 일과는 무관함을 뜻한다. 거기에는 반드시 해야 하는 강요나 의무가 포함되지 않는다. 놀이는 스스로 원해서 하는 행위이므로 어떠한 이해관계도 없이 자발성과 호기심, 설렘과 즐거움 등을 수반한다. 그러니까 놀이하는 순간 우리는 최선을 다해 몰입하고 집중하며 자유를 만끽하는 것이다. 이를 우리 삶과 연관하여 본다면 놀이는 일상과 상상 그리고 예술의 세 영역으로 나눌 수 있다. 각 영역에서 놀이가 어떻게 차별화되는지 살펴보자.

## 1) 일상 속 놀이

어느 봄날 오후 회사에서 열심히 일을 하고 있던 나는 무심코 창밖을 보고는 깜짝 놀랐다. 아침 출근길에 이제 꽃이 피는구나 하고 생각했는데 어느새 흐드러지게 핀 벚꽃이 마치 눈꽃처럼 바람에 흩날리는 것이었다. 나는 펜을 놓고 하염없이 그 모습을 바라보다가 꽃잎이 하도 예뻐서 그림으로 그려 보았다. 그러다가 문득 지난해 친구들과 여행 갔던 기억이 떠오르고 어느 한적한 시골로 떠나고 싶다는 생각에 빠져들었다. 일하는 중에 그런 일시적인 몽상에 빠진 적은 수없이 많았지만 한 번도 실행에 옮긴 적이 없었다. 하지만 이번에는 기필코 여행을 가겠다고 마음을 먹고는 주말 기차표를 예매했다. 그리고 드디어 주말, 나는 새벽 기차를 타고 떠났다. 기차 안에서 핸드폰으로 친구와 문자도 주고받고 게임도 하다 보니 어느새 목적지에 도착했다. 그곳에서 나는 원하는 대로 맛있는 음식도 먹고 산과 바다도 보면서 즐겁게 시간을 보냈다. 돌아오는 기차 안에서 참 잘 놀았다고 생각하며 행복하게 집으로 돌아왔다.

이를 일과별로 정리해 본다.

| | 일과 | 공간 |
|---|---|---|
| 1 | 회사에서 근무하다 | 회사 |
| 2 | 일하다가 창밖을 바라보다 | |
| 3 | 꽃잎을 그리다 | |
| 4 | 과거 기억을 회상하다 | |
| 5 | 기차 타고 가고 오다 | 기차 |
| 6 | 핸드폰으로 게임과 문자를 하다 | |
| 7 | 시골에서 즐거운 시간을 보내다 | 시골 |

나의 일상

먼저, 하위징아가 말한 바와 같이 먹고 살기 위해 하는 노동, 즉 일과 무관한 것을 놀이라고 한다면, 이 중에서 '1. 회사에서 근무하다'를 제외한 나머지는 다 놀이에 속한다. 그런데 여기에는 여러 층이 존재한다. '2. 일하다가 창밖을 바라보다' '4. 과거 기억을 회상하다'는 일종의 숨 고르기와 같이 잠깐의 휴식에 해당한다. 2와 4 사이에 있는 '3. 꽃잎을 그리다'는 자신의 느낌을 무심코 그리는 행위라는 예술로 표현한 것이다. 그리고 놀이로는 '5. 기차 타고 가고 오다' '6. 핸드폰으로 게임과 문자를 하다' '7. 시골에서 즐거운 시간을 보내다'가 있으며, 이 중에서 7이 가장 놀이다운 행위가 된다.

이처럼 일과 일이 아닌 것이라는 이분법적 분류를 근거로 우리 일상의 상당 부분을 놀이로 보는 견해는 일견 타당하다. 그런가 하면 누군가는 휴식 또는 쉼을 놀이로 보는 것은 무리라고 주장할 것이며, 심지어 앞의 일상에는 놀이가 없다고까지 말하는 사람들도 있을 수 있다. 그들이 보기에 놀이란 일상과는 확연히 차이가 나는 것이어야 하며 경쟁과 변신 등을 포함해야 한다. 그들에게는 적어도 운동회에서 청군 백군으로 나누어 함성을 지르며 경쟁하고 승부를 가린다거나, 아니면 축제처럼 전혀 다른 분위기가 펼쳐지고 서로 알아보지도 못할 만큼 한껏 치장하여 꾸미고 잠시나마 새로운 세상을 맛보는 것이 진정한 의미의 놀이다.

한편, 시대마다 누리는 문화적 배경과 문명의 이기가 다르다는 점을 감안하면, 놀이를 바라보는 시각은 한층 더 다양해진다. 특히 앞서 보았듯이 갈수록 진화하는 첨단정보기술 덕분에 더욱 그러하다. 2016년 스위스 다보스에서 열린 세계경제포럼에서 4차 산업혁명이 화두로 제시된 이후 디지털과 같은 첨단과학 기술은 나날이 발전하고, 이에 따라 예측불허의 기발한 놀이가 속속 생겨나고 있다. 더욱이 코로나 팬데믹을 거쳐 엔데믹 시대에 접어든 지금을 보면 온라인상의 놀이가 이미 급속도로 많아져서, 핸드폰이나 컴퓨터로 게임도 하고 가상의 집을 꾸며서 동식물을 가꾸는 등의 취미 생활도 하고 VR 안경을 쓰고 세계 곳곳을 여행 다니기도 한다. 또한 전 세계 사람들이 서로의 정보를 공유하며 친구가 되는가 하면, 이따금 지구 이쪽 끝과 저쪽 끝에 있는 사람들이 서로 약속하여 정한 시각에 모여서 함께 음주도 하고 이야기도 나눈다. 이제 놀이는 가상현실이나 증강현실, 메타버스와 같이 현실과 허구를 넘나드는 새로운 방식으로 변화하고 있으며 앞으로 얼마나 더 새로운 것들이 나올지는 아무도 모른다.

* 코로나 팬데믹은 전 세계를 휩쓸며 우리 삶의 모습을 바꿔 놓았다. 사회적 거리 두기와 마스크 착용이 일상화되고 온라인 회의와 만남으로 새로운 방식의 소통이 생겨났다.
* 메타버스는 'meta(초월)'와 'universe(우주)'의 두 단어를 결합한 말로, 현실을 초월한 가상의 세상을 뜻한다. 실제 현실이 아닌 그곳에서 마치 사실인 것처럼 사회 문화 활동을 할 수 있다는 점에서 우리 삶의 형태가 한 단계 더 발전한 것으로 볼 수 있다.

하지만 놀이가 이처럼 기상천외한 형태로 나날이 새롭게 발전한다고 하더라도, 그 저변에 있는 근본적인 기능과 의미는 변하지 않는다. 다시 하위징아로 돌아가 보자. 그가 책의 부제를 '놀이와 문화에 관한 한 연구'라고 명시한 것에서 알 수 있듯이, 그는 놀이를 어떻게 문화현상으로 볼 수 있는지 면면히 설명한다. 놀이는 문화에 속하는 하나의 요소가 아니다. 그보다는 오히려 문화 그 자체가 놀이의 성격을 지닌다. 그에 따르면 놀이는 모든 형태의 문화인 제의, 축제, 언어, 경기, 법률, 전쟁, 지식, 철학, 예술 등에 걸쳐서 일부가 아닌 근간을 이룬다. '놀이는 문화보다 오래된 것'이며, '문화는 놀이의 한 형태'다. 다시 말해 놀이란 인간의 삶 속에 근본적으로 존재하는 것이다.

하위징아가 인간이 향유하는 문화 전반에 걸쳐 놀이의 본질과 의미, 기능을 파헤친 것은 책 서두에서 명시한 것처럼 놀이를 회복하여 '행복한 시절'로 돌아가고자 하는 간절한 바람 때문이다. 또한 그는 놀이의 기능에 대해 다음과 같이 언급하는데, 이는 책 전체를 관통하는 핵심이기도 하다.

> 보다 고차적인 형태의 놀이가 지닌 기능은 대체로 두 가지 근본적인 측면에서 직접 도출될 수 있다. 왜냐하면 놀이의 기능은 그러한 두 측면 속에서 스스로의 모습을 드러내기 때문이다. 그 두 측면이란 "어떤 것을 얻기 '위한' 투쟁" 혹은 "어떤 것에 '관한' 표현"이라는 측면이다. 이것들은 놀이란 어떤 것을 얻기 위한 투쟁을 "표현한다"라든가 놀이란 어떤 것의 가장 좋은 표현을 위한 투쟁이 된다는 식으로 결합시킬 수 있다(Huizinga, 2005: 27).

그는 투쟁과 표현을 보다 고차적인 형태의 놀이에 속하는 각기 다른 두 가지 측면으로 본다. 그러면서도 종국에는 동전의 앞뒷면과 같이 이 둘을 결합하여 설명한다. 즉, 모든 표현에는 투쟁이 담겨 있으며 또한 투쟁은 표현해야만 한다는 것이다. 이러한 기능은 그가 전제하였듯이 단순한 놀이보다는 고차적인 놀이에 해당한다. 그러므로 혼자서도 잘 놀던 어린 시절, 아무런 조건 없이 서로가 서로에게 '깐부'이던 때의 것과는 구별된다. 이것은 아마도 사회생활을 시작하면서부터 우리 앞에 자연스럽게 펼쳐질 것이다.

'투쟁'이라는 단어는 놀이의 가장 단순한 속성인 무상성, 즉 아무런 사심 없이 논다는 즐거움의 단계에서 한층 더 나아간다. 거기에는 경쟁과 게임의 기능이 부여된다. 그런 상황에 놓이면 우리는 '어떤 것을 얻어야' 하며, 그것을 명확히 '표현하여' 쟁취해야 스스로 만족할 수 있다. 투쟁과 표현, 이 두 가지 속성은 자신의 삶을 보다 나은 방향으로 영위하기 위한 우리 모두의 노력에 다름 아니다. 그리고 바로 이것이 일상과 구별되며 행복을 지향하는 놀이의 특성이다. 행복을 향해 나아가는 놀이는 연극치료의 근본일 뿐만 아니라 치료의 본질적인 기능이기도 하다. 결국 치료의 최종 목표는 그 사람이 원하는 행복이 무엇인지 찾고 누릴 수 있도록 하는 것이니까 말이다.

놀이가 우리 일상과 같이한다는 것은 상상 속 놀이와 예술 속 놀이가 이 안에 포함된다는 뜻이다. 그럼에도 놀이를 세 범주로 나누어 살펴보려는 것은 이 책의 목적, 즉 놀이를 연극치료와 관련지어 보고자 하는 의도 때문이다. 연극치료를 놀이 관점으로 본다는 것은 이 세 가지, 즉 일상과 상상, 예술의 영역을 다 포함할 뿐만 아니라 순차적으로 보는 것까지도 의미한다. 그렇다고 해서 삶에서 상상으로, 상상에서 예술로 이어진다는 말은 아니다. 때로는 역으로 예술에서 상상으로, 삶으로 이어지기도 하기 때문이다.

이제 일상 속 놀이를 정리해 보자. 이때 일상은 살기 위해 마땅히 해야 하는 노동을 말하는 것이 아니라 우리가 살아가는 하루하루를 통틀어서 말한다. 그 안에는 눈에 보이는 현실뿐만 아니라 상상의 행위와 예술 행위도 포함된다. 그러므로 우리는 일상 속 놀이를 통해서 다음과 같은 놀이의 보편적인 속성을 확인할

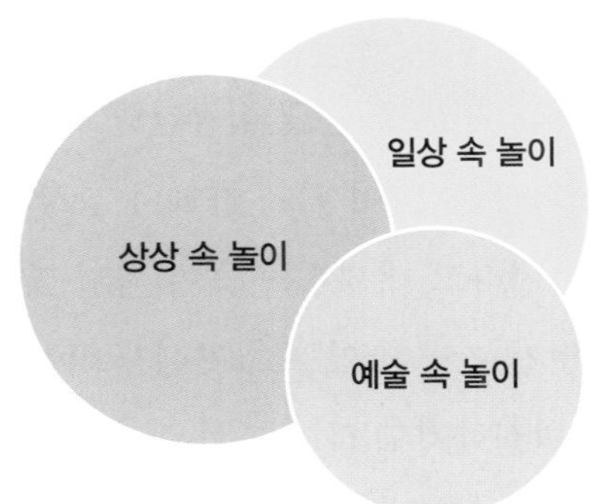


[그림 1-2] 세 범주의 놀이

수 있다. 삶에서 놀이는 책임과 의무가 따르는 일과 분리된다. 놀이 안에서 우리는 자발적으로 선택한 자유를 경험한다. 그것은 표현과 경쟁, 쟁취의 욕구와 충동을 불러일으키고 완벽하게 몰입하는 가운데 즐거움을 만끽하게 한다. 이를 통해 우리는 성장하고 새로운 앎으로 나아가며 결과적으로 행복을 누린다. 이것이 놀이의 근원과도 같은 기능이다.

## 2) 상상 속 놀이

상상 속 놀이는 무엇보다 우리의 상상을 기반으로 이루어진다. 앞에서 본 〈오징어 게임〉의 놀이는 참가자들이 직접 몸으로 부딪치며 즐기는 형태가 실제 상황으로 벌어지기 때문에 구태여 상상할 필요가 없다. 운동회에서 벌어지는 청군 백군 시합, 술래잡기, 가위바위보 등과 같은 놀이 역시 상상 대신 현실 감각만 있으면 된다. 따라서 이러한 놀이는 상상 속 놀이에 해당하지 않는다.

그런데 사실 일상 속 놀이는 이미 크고 작은 상상을 포함하고 있는 경우가 의외로 많다. 이는 놀이공간만 봐도 알 수 있다. 요즘에는 테마파크를 비롯하여 키즈 카페나 상상 놀이터 등 공간 자체를 이미 판타지라고 내세우는 곳이 점점 많아지고 있는데, 신나는 음악과 멋진 조명이 있는 그곳에서 아이들은 게임도 하고 왕자, 공주로 변신하기도 하고 모험을 즐기는 등 자유를 마음껏 누린다. 그것은 특정 주제와 대상에 따라 맞춤형으로 상상을 현실화한 꿈의 공간이다.

이처럼 공간부터 상상으로 꾸민 놀이터가 있는가 하면, 평범한 놀이공간도 아주 쉽게 상상공간으로 탈바꿈할 수 있다. 어릴 때 즐기던 소꿉놀이가 그러하다. 아이들이 의사와 간호사, 환자 등의 역할을 맡아 소꿉장난을 시작하면 그곳은 순식간에 병원이 된다. 이때 의사의 청진기와 간호사의 주사 등 적당한 소품을 갖추면 금상첨화다. 놀이하는 그 시간, 그곳이 어디든지 현실 공간은 완벽하게 상상공간으로 변신하여 아이들은 마치 진짜 병원에 있는 의사나 환자인 것처럼 그곳을 돌아다닌다. 어떤 면에서는 상상 속 놀이가 일상 속 놀이보다 더 자유롭게 이동하고 거리낌 없이 역할 변신도 가능하게 한다.

상상 속 놀이의 좋은 예로 '포켓몬 고'라는 증강현실 게임이 있다. 그것은 스마트폰용 모바일 게임으로, 콘텐츠를 실제 외부에서 즐길 수 있는 것을 말한다. 이는 새로운 정보통신 기술, 즉 3차원의 가상 물체를 현실 세계에 겹쳐 보여 주는 증강현실 기술과 위치 정보시스템을 결합한 결과로 실현된 것이다. 그것은 강

포켓몬 고 게임

원도 속초와 양양, 울릉도 등 실제 지역을 걸어 다니며 게임을 하는 것이 특징이다. 사람들이 '포켓몬 고'를 실행한 상태로 스마트폰을 들고 다니면 실제 장소를 배경으로 포켓몬스터가 화면에 등장한다. 이때 스마트폰을 조작해 몬스터 볼을 던질 수 있으며 명중하면 해당 포켓몬을 잡을 수 있다. 사람들은 더 많은 몬스터를 잡기 위해서 여기저기 장소를 이동하며 찾아야 한다.

이 게임은 욕구 실현이라는 놀이의 특성이자 장점을 십분 활용한다. 즉, 어린 시절 꿈꾸던 포켓몬을 잡는 마스터가 되고 싶은 욕구를 콘텐츠에 담아, 이를 마치 실제처럼 현실 공간에서 실현하도록 한다. 예전에는 2차원의 컴퓨터 화면에서 즐기던 놀이가 이처럼 3차원의 현실 공간으로까지 확장되었다는 사실은 실로 놀랍기만 하다. 머리로만 상상하던 포켓몬 마스터라는 역할 변신이 실제 세상에서도 가능해진 것이니, 미래에는 또 어떤 기상천외한 놀이가 나올지 상상만 해도 즐겁다.

로제 카유아
(Roger Caillois, 1913~1978)
"놀이라는 말은 항상 자유로움, 위험 또는 능란함이라는 관념을 불러일으킨다."

프랑스 사회학자 로제 카유아(Roger Caillois)는 『놀이와 인간』(1958)을 통해 놀이 자체를 출발점으로 하는 사회학을 정립하겠다고 밝힌다. 이를 위해 그는 인간의 놀이를 경쟁(아곤, agon), 우연(알레아, alea), 모방(미미크리, mimicry), 현기증(일링크스, ilinx)의 네 개의 범주로 분류한다. 경쟁은 승부를 가리는 것을 말하며, 우연은 운과도 같아서 승패의 결과가 예측 불가능한 것과 연결된다. 모방은 소꿉놀이처럼 '~척하기'에 해당하고, 현기증은 롤러코스터 같은 놀이기구나 서커스처럼 흥분을 자아내기도 한다.

그에 따르면 이 네 가지 놀이가 어떻게 만나고 조합되는지에 따라 사회 관습과 제도에 영향을 미치는데, 근원적인 조합은 경쟁과 우연, 그리고 모방과 현기증의 두 갈래로 나뉜다. 전자는 현실과 관련이 있으며 규칙의 영역에 속하는 반면, 후자는 허구와 관련되며 규칙 없는 세계를 전제로 한다. 그는 또한 원시사회를 '혼돈의 사회'라고 명명하면서 가면과 홀림, 즉 모방과 현기증이 지배하는 사회라고 하고, 이에 반해 잉카제국과 중국, 로마 등은 경쟁과 우연이 지배하는 사회로 본다. 따라서 모방과 현기증의 조합의 우위를 점차적으로 없애면서 그 대신에 경쟁과 우연으로 이루어진 조합을 사회관계에서 우위에 놓는 것이 문명으로의 이행이라고 말한다.

가면의 힘
가면은 가장 단순한 변신의 도구이면서, 우리를 낯선 세계로 인도한다.

그러면서도 카유아는 책의 부제를 '가면과 현기증'이라고 할 만큼 모방과 현기증에 더 관심을 기울인다. 왜냐하면 그것은 '성스러운 세계'에 속하기 때문이다. 카유아에게 있어서 모방과 현기증은 '성스러움을 규정하는 공포와 매력이 혼합된 주요한 원동력 중의 하나'로서, 일상생활을 초월하고 개인이나 집단의 이익을 뛰어넘어 상호 존중할 수 있도록 이끄는 힘이 내재해 있다. 이것이야말로 놀이가 우리의 진정한 행복에 기여하는 최고의 목표점이라고 할 수 있을 것이다.

모방과 현기증, 그것은 상상 속 놀이에 속한다. 모방에서 말하는 놀이는 '가공의 환경 속에서 활동을 전개하거나 운명에 복종하는 것이 아니라, 그 자신이 가공의 인물이 되어 그것에 어울리게 행동하는 것'으로 성립한다(Caillois, 2003: 47). 가공의 인물이 된다는 것은 곧 가면을 쓴다는 말과 같다. 그런데 가면은 연극의 도구인 동시에 그 자체로 연극을 대변하는 것이라 할 수 있다. 카유아에 의하면 "가면은 홀림의 경험과 조상, 정령 및 신들과의 교류의 경험을 수반한다. 가면은 그것을 쓰는 자에게 일시적인 흥분을 일으키며, 아울러 그에게 자신이 뭔가 결정적인 변신을 했다고 믿게 한다. 어쨌든 가면은 본능의 폭발, 어찌할 수 없는 무서운 힘의 침입을 조장한다"(Caillois, 2003: 143). 현기증 역시 연극과 무관하지는 않다. 왜냐하면 연극을 관람하면서 우리는 이따금 무대에 몰입한 나머지 황홀경이나 도취에 빠지기 때문이다.

심지어 그는 놀이 자체를 연극과 관련지어 설명한다.

> 놀이(jeu)라는 말은 음악가나 배우 같은 연기자의 스타일, 양식을 가리킨다. 즉, 다른 사람들과는 다르게 악기를 연주하거나 역할을 연기하는 독자적인 성격을 가리킨다. 대본이나 악보에 얽매여 있으면서도, 연기자는 어느 정도 여유를 갖고 다른 사람들이 흉내 낼 수 없는 뉘앙스나 변화를 통해 자신의 개성을 자유롭게 표현한다 (Caillois, 2003: 11).

놀이라는 단어가 어원상 연극을 뜻한다는 사실은 이미 잘 알려져 있다. 즉, '논다'는 행위는 무대에서 배우가 연기하는 것을 가리킨다. 전통극에서 가면을 쓴 광대가 탈춤을 추면서 관객을 향해 "한판 신나게 놀아 볼까?"라고 말하는 것은 바로 무대에서 본격적으로 연기를 시작하겠다는 것을 뜻한다.

카유아는 여기에서 더 나아가 놀이를 '연기자의 독자적인 스타

광대

일'이라고 명시하는데, 이는 연기하는 배우가 역할을 맡아 연기함에 있어서 본연의 자기 모습을 잃지 않는다는 것을 의미한다. 그는 놀이에 여유와 자유로움이 있다는 사실을 강조함으로써 무엇보다 인간이라는 존재의 고유함을 부각시킨다. "너 자신이 되어라."라는 프리드리히 빌헬름 니체(Friedrich Wilhelm Nietzsche)의 말처럼 내가 가장 나다울 수 있는 것, 이것은 치료의 궁극적인 목표이며 누구나 추구하는 건강함이기도 하다. 이때 놀이는 '특정 직업의 훈련을 하는 것이 아니라, 장애를 극복하거나 어려움에 맞설 수 있는 능력을 증대시킴으로써 인생 전체의 안내역을 행하는 것'이다(Caillois, 2003: 19).

놀이가 직업 훈련이 아닌 장애 극복과 문제 해결 능력 향상의 기능을 수행한다는 것은 놀이 안에 '시합'을 통한 경쟁의 개념이 포함되어 있기 때문이다. 다시 '포켓몬 고'를 보자. 모든 놀이가 그렇듯이 여기에는 카유아가 말한 경쟁과 우연, 모방과 현기증이 다 들어 있다. 그 게임에 참여하는 사람들은 누가 포켓몬을 많이 쟁취할 것인지 '경쟁'하는데, 그것은 언제 어디에서 출몰할지 모르는 '우연'을 가장한다. 각자는 추격자라는 역할을 '모방'하여 자신의 스타일대로 행동하면서 몰입하여 황홀감과 도취와도 같은 '현기증'을 경험한다.

앞에서 우리는 일상 속 놀이가 자유와 몰입 그리고 노동과의 분리라는 의미와 더불어 투쟁과 표현의 기능을 수행하는 것을 보았다. 상상 속 놀이는 일과의 분리 차원을 넘어서 놀이 자체에 보다 깊숙이 들어온다. 그것은 자유로운 경험과 행복을 이동과

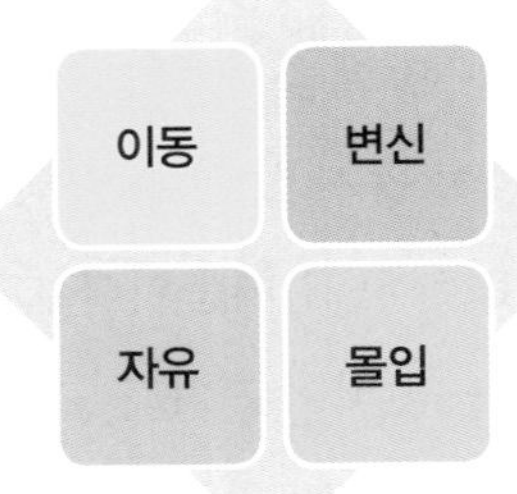


[그림 1-3] 상상 속 놀이의 특성

변신이라는 수단을 통해 구체적으로 실현한다. 이때 이동은 현실에서 허구로, 또는 허구에서 현실로 자유롭게 오가는 공간상의 변화가 주를 이룬다. 이러한 공간상의 이동은 우리로 하여금 역할 변신을 보다 용이하게 해 주며, 여기에 투쟁과 표현이 더해질 때 성취감과 만족감은 더욱 커진다.

카유아와 하위징아를 통해 우리는 무엇보다도 연극이 곧 놀이라는 사실을 새삼 확인한다. 일상 속 놀이를 거쳐 상상 속 놀이에 접어들면서 우리는 연극치료에 한층 더 다가감을 알 수 있다. 장애물을 이겨 내는 능력인 동시에 내 인생의 안내 역할을 하는 놀이야말로 진정한 치료 수단이 아니겠는가?

### 3) 예술 속 놀이

앞서 우리는 평범한 일상에서 알게 모르게 많은 순간이 놀이와 관련이 있다는 것을 알았다. 그 이야기 속에서 무심코 창밖에 떨어지는 꽃잎을 보고 그것을 그린 행위는 예술 속 놀이에 해당한다. 일반적으로 볼 때 예술 속 놀이는 일상과 상상 속 놀이에 비해 차지하는 비중이 많지 않다. 왜냐하면 그것은 예술 매체와 적당한 기술을 필요로 하기 때문이다. 그런데 그것이야말로 일상과 확연히 구별되는 것이기도 하다. 그래서일까 하위징아는 놀이와 문화의 관계를 설명하기 위해 예술을 논한다.

하위징아가 강조한 바와 같이 놀이는 문화의 시원이다. 그리고 예술은 대표적인 문화 활동이므로, 놀이와 예술은 불가분의 관계에 놓인다. 그에 따르면 예술은 '아름다움'을 두고 '경쟁'하는 놀이로, 고대 그리스야말로 놀이가 이상적으로 기능한 시대라고 한다. 흥미롭게도 그는 이와 관련하여 그리스어 '디아고게(diagogue)'와 '파이데이아(paideia)'를 언급하는데, 이는 일과는 전혀 무관한 상태를 뜻한다.

디아고게는 '무한정 남는 시간을 활용한다.'는 것으로, 문자 그대로 '시간을 보내는 것, 또는 소비하는 것'을 의미한다. 다시 말해 '빈둥거림'을 뜻하는데, 그것은 당시 귀족의 품성을 표현할 수 있는 매우 중요한 활동을 가리킨다. 오늘날과 같이 빠르게 발전하는 사회에서는 그 용어가 도태되는 사람들의 한심한 행동을 가리키지만, 그 시대에는 심지어 우주의 원칙이라고 할 만큼 유유자적하며 놀아야 귀족으로 인정받았다는 것이다.

또한 파이데이아는 '잘 빈둥거리는 기술'이라는 뜻으로, 습득하는 데 많은 시간이 걸리는 것일수록 높이 평가받았다고 한다. 하위징아는 많은 시간을 요하는 놀이 가운데 최고가 상상을 아

코끼리를 모를 때 우리의 상상은 어디까지 펼쳐질까?

름다움으로 현실화시키는 것이며 그것이 바로 예술이라고 주장한다. 다시 말해 예술은 놀이의 최상 단계에 속하며 놀이하는 우리, 즉 호모 루덴스는 놀이를 통해서 아름다움이라는 최고의 이상을 동경한다. 이처럼 예술은 일과는 대립되는, 그러나 세상을 이해하는 근본으로 여겨져 온 것이다.

이를 위한 중요한 기능은 상상이다. 사회학자 노명우는 이에 대해 다음과 같이 말한다.

> 상상(想像)이란 코끼리(象)의 모양을 생각하는(想) 것이다. 그것은 코끼리처럼 알지 못하는 것, 알려지지 않은 것, 존재하지 않는 것에 대한 생각이다. 상상은 놀이를 통해 펼쳐지는 새로운 세계다. 호모 루덴스는 지혜의 대가이자 그 어렵다는 상상력의 달인이기도 하다(노명우, 2020: 136).

프리드리히 실러
(Johann Christoph Friedrich von Schiller, 1759~1805)
독일 질풍노도 문학운동 시기의 대표적인 작가, 철학자, 역사학자.
"모든 예술은 인간을 기쁘게 하기 위한 것이다. 인간을 기쁘게 하기 위한 과제만이 예술의 목적이다."

놀이와 예술 그리고 상상에 관해 언급할 때 프리드리히 폰 실러(Friedrich von Schiller)를 빼놓을 수는 없다. 카유아가 말한 대로 그는 놀이에서 예술의 본질을 끌어내는 데 열중했으며, 예술이야말로 사회를 개선하고 계몽한다고 강조하였다. 18세기 말 독일 공국의 절대군주 체제에서 자신이 원하는 교육을 받지 못하고 군주의 명령에 복종하는 삶을 살아야 했던 실러로서는 당연한 귀결일 것이다. 그는 물리적 억압과 속박에서 벗어나기 위해 일평생 정신적 자유를 추구하였다.

가난한 군의관의 아들로 태어난 그는 자신이 속한 뷔르템베르크 공국 군주의 절대 권력에 반발하여 군사학교를 탈영하였다. 이후 평생 가난과 병고에 시달리면서도 역사학과 철학자로서 명성을 드높였다. 또한 〈군도〉 〈빌헬름 텔〉 〈오를레앙의 처녀〉 등의 희곡으로 시민의 자유와 권리를 주장하였다. 그의 시 〈환희의 송가〉는 이후 베토벤 교향곡 9번 4악장의 가사로 널리 알려져서 전 세계 사람들의 사랑을 받고 있다.

그의 이론에서 주목할 것은 '중간 매체'라는 존재인데, 그것은 구체적인 것 동시에 추상적인 것이기도 하다. 그는 육체와 영혼, 물질과 정신이 이분법적으로 분명히 나뉘어 있는 것이 아니라 그 사이에 '중간 매체'가 있다고 주장한다. 또한 그는 문학을 통해 인간이 육체적 억압을 극복하고 정신적 자유를 추구하며 결국에는 자유의 세계로 나아간다는 것을 설파하는데, 이 사이에 있는 것이 다름 아닌 '놀이 충동'이다.

실러는 놀이로 물리적 환경의 속박을 극복하고 정신적 자유를 획득하기 위해서는 예술 교육이 보편화되어야 한다고 주장한다. 왜냐하면 예술의 목적은 인간을 '고귀한 인격자'로 만들고, 야만적인 '소재'를 '형식화'하는 것이기 때문이다. 즉, 인간이 지닌 야만적 요소는 아름다운 예술을 통하여 고귀한 것으로 탈바꿈한다는 것이다. 그에 따르면 "우리들의 본성은, 오성의 섬세한 활동만 오래 계속할 수 없는 것처럼, 동물적인 상태로도 오래 지속할 수 없는, 서로 모순되는 두 양극을 결합시키고 격렬한 긴장감을 이완시켜 부드럽게 조화시키려는, 중간적인 상태를 요구한다. 그렇게 하여 하나의 상태에서 다른 상태로의 이행이 쉽게 이루어질 수 있다. 이렇게 이행할 때 미적 감각, 즉 아름다움에 대한 감정이 전반적으로 활동하게 된다"(김승옥, 2006: 100).

실러는 『미학 편지』에서 예술 교육의 중요성을 설득하기 위해 인성에 대해 언급하면서, 그 시대에 제 갈 길을 찾지 못하고 헤매는 사람들이 한편으로는 거칠음, 다른 한편으로는 무기력과 도착의 제물이 되고 있다고 말한다. 그래서 아름다움을 통해서 이중의 오류에서 벗어나 제 길로 돌아와야 한다고 주장한다.

이처럼 우리에게 숙명처럼 존재하는 상반된 두 가지 요구, 즉 감각적이고 이성적인 본성을 그는 감각 충동과 형식 충동이라는 두 가지 충동으로 설명한다. 그리고 그 두 충동이 동시에 상호작용하는 것이 놀이 충동이라는 것이다. 그의 열다섯 번째 편지를 보자.

> 감각 충동의 대상은 일반적인 개념으로 표현하면 가장 광범위한 의미에서의 **삶**입니다. 즉, 물질적인 존재와 감각에 직접 나타나는 모든 것을 아우르는 개념입니다. 형식 충동의 대상을 일반적인 개념으로 표현하면 비유적인 의미나 문자적인 의미에서의 **형성력**입니다. 사물의 모든 형식적 특성과 이들 형식적 특성이 우리의 사고력에 대해 갖는 관계를 포함하는 개념이지요. 놀이 충동의 대상은 일반적인 도식으로 설명하면 **살아 있는 형성력**이라고 할 수 있습니다. 현상의 모든 미적인 특성, 가장 넓은 의미에서 우리가 아름다움이라고 부르는 것을 지칭하는 개념입니다(Schiller, 2021: 124).

그에 따르면 놀이 충동은 '현실과 형식의 결합, 우연성과 필연성의 결합, 수동성과 자유의 결합을 이루고, 그것만이 인성의 개념을 완성하는 것'이다. 따라서 '인간은 놀이하는 한에서만 온전한 인간'이라는 것이다. 앞 인용에서 보듯이 '살아 있는 형성력'은 '아름다움'이다. 그리고 그것은 곧 감동의 영역이다. 마치 실러의 주인공들이 막다른 골목에서 생명의 위협을 받을 때 인간의 위엄을 보여 주었듯이 말이다. 그가 쓴 희곡 〈빌헬름 텔〉은 우리가 알고 있듯이 단순히 아들의 머리 위에 놓인 사과를 활로 쏴야만 했던 부정이 넘치는 아버지의 이야기가 아니다. 실러는 그 일화와 더불어 합스부르크 왕가의 압제에 저항하여 민중의 자유를 위해 앞장선 영웅으로서의 면모를 구현하였다.

빌헬름 텔(이재영 역, 을유문화사, 2009)

자신의 운명을 스스로 개척하고자 한 실러는 지난한 삶 속에서 그만큼, 아니 그 이상으로 인간의 존엄성에 천착하였다. 그는 눈앞에 당면한 과제를 해결하느라 급급했던 순간마다 무너지지 않고 최선을 다해 인간성을 유지하고자 하였다. 그의 작품이 고대 그리스 비극에 버금가는 수준이라고 평하는 것도 이 때문이다. 실러야말로 자신의 주인공 못지않게 영웅적인 삶을 실천하였던 것이다.

예술 속 놀이는 우리를 예술가이자 영웅의 길로 인도하려는 것이 아니다. 그것은 실러가 주장하였듯이 인간다운 삶으로 이끈다. 그의 말대로 '인간은 아름다움을 통해 자유에 도달하는 존재'라면, 거칠거나 무기력한 상태에 있는 사람들에게는 예술을 통한 아름다움의 경험이 절실히 필요하다. 이를 정리해 보자. 첫째, 예술은 최고이자 최상의 놀이로, 일과의 분리가 가장 확실한 영역이다. 둘째, 예술 속 놀이는 상상을 기반으로 한다. 상상이란 존재하지 않는 것에 관한 생각으로, 예술의 근본적인 속성이기도 하다. 셋째, 놀이가 예술로 승화하는 것은 감각 충동과 형식 충동이 상호작용하는 놀이 충동, 즉 아름다움과 감동을 통해서 이루어진다.

실러와 하위징아, 카유아 이들은 모두 놀이가 미래 사회를 만들 것이라고 예측하였다. 그리고 우리는 그들의 말대로 공교롭게도 코로나 시대에 접어들면서 또 한층 새로운 형태의 놀이 문화가 펼쳐지는 것을 확인했다. 놀이 덕분에 우리의 상상은 현실이 되고 있다.

호모 파베르 시대에 '빈둥거리며 노는 자'는 '루저', 즉 패배자를 일컫는 말이었다. 경쟁 사회에서 패배한 사람에게는 일할 자리가 주어지지 않는다. 그들 중 일부는 '은둔형 외톨이'로 점차 사회에서 소외되어 자신만의 공간에 머무르며 여러 사회적 문제를

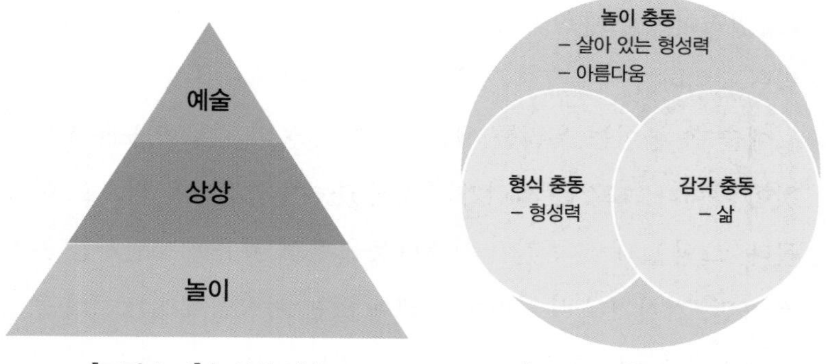


[그림 1-4] 놀이와 예술

[그림 1-5] 본성과 충동

야기하고 있다. 그런데 시대는 또 변화하고 있다. 22세기를 바라보는 지금, 인터넷과 네트워크가 발전하면서 가상현실을 넘어서 메타버스라는 신조어가 새롭게 등장하는 것을 볼 때, 미래에는 시간과 공간 개념 자체에도 변화가 생길 수 있다.

새로운 놀이, 새로운 문화

이러한 문화적 차이는 하위징아가 주장한 호모 루덴스의 개념에도 변화를 가져온다. 그는 놀이가 상호작용을 요하기 때문에 혼자 하는 놀이는 엄밀한 의미의 놀이가 아니라고 말한다. 하지만 이제 상황이 달라졌다. 자발적 혼밥 · 혼술이 대세인 요즘, 우리는 방에서 하다못해 핸드폰이라도 손에 쥐고 있으면 혼자서도 잘 놀 수 있게 되었다. 예전에는 놀이를 통해 가상현실을 경험했다면 이제는 가상현실이 실제 현실과 그다지 구별되지 않는, 놀이가 일상인 시대가 된 듯하다. 어쩌면 우리는 매체와 환경이 달라졌을 뿐 돌고 도는 시간 속에서 또다시 놀이가 중심이 된 세상을 살고 있는지도 모른다.

**연극의 즐거움**

배우와 관객이 하나가 되어 즐거워한다.

제2장

# 연극의 힘

# 1 예술로서의 연극, 그리고 치료

예술치료는 예술인가 아니면 과학인가? 예술치료를 업으로 삼고자 하는 사람이라면 누구나 한 번쯤 이에 대해 진지하게 생각한다. 왜냐하면 예술치료에서 도구로 사용하는 것은 예술 그 자체인데, 치료 영역은 어디까지나 과학적인 측면이기 때문이다. 그리고 어느 정도 시간이 지나 제법 연륜이 쌓이게 되면 초기의 이 물음은 다음과 같이 바뀐다. 예술치료는 예술이자 과학이며, 연극치료 역시 그러하다고. 이러한 변화는 연극치료사에게 연극의 예술성과 치료라는 과학적인 접근법을 다 아우를 수 있도록 성장하려는 자극을 준다. 그리고 그 출발은 연극에 대한 자신의 생각을 구축하는 것으로부터 시작한다.

앞에서 우리는 놀이가 우리 삶에서 얼마나 중요한지 살펴보았다. 그 결과 삶을 놀이로 보는 것이 건강하게 살아가는 힘이 된다는 사실을 알았다. 이 장에서는 연극 예술에 대해 살펴보는데, 연극이 우리 삶과 건강함에 어떻게 도움이 되는가에 관해 중점을 둘 것이다.

## 1) 연극 예술의 특성

예술의 일반적인 정의는 미를 창조하고 표현하는 인간의 활동과 그 창조물이다. 그런데 수많은 학자가 예술에 대한 정의나 경계를 정하는 것은 모호하고 어려운 일이라고 말한다. 그 이유는 이와 관련된 용어들이 저마다 주관적인 견해에서 비롯되며 시대와 문화에 따라 다른 관점을 취하기 때문일 것이다. 그럼에도 불구하고 예술이 우리 삶을 반영하는 것이며, 사람의 손을 거쳐 새롭게 표현되는 것이라는 사실은 변함이 없다.

또한 예술이 일정 조건, 즉 형식적인 틀을 갖추고 있다는 것은 주지의 사실이다. 예를 들어, 일상 소리가 음악이 되려면 박자와 리듬, 운율이 있어야 하고, 미술은 형태, 면, 선, 색채 등의 시각적 요소가 미적 쾌감과 어우러진 것을 뜻한다. 연극은 희곡, 배우의 행동, 관객과 무대 등을 필요로 한다. 이처럼 예술은 고유한 형식으로 표현되는데, 그 방식은 공통적으로 '모방'이다. 다시 말해, 예술가는 자신이 경험한 '실재'를 그 누군가에게 보여 주고 싶어서 그것을 모방하여 표현하는 것이다.

아리스토텔레스(Aristoteles)는 『시학』에서 연극을 '행동의 모방'이라고 정의하는데, 이때 '행동'은 그 의미가 어느 하나로 한정되지 않는다. 좁게는 무대에서 재현되는 시간과 공간에 국한하여 배우들이 '그 순간 있게끔' 하는 움직임이라고 해석할 수도 있고, 넓게는 인간의 삶으로 뭉뚱그려 해석할 수도 있다. 요컨대 연극은 인간의 삶과 가장 긴밀한 연관을 가진다는 것이며, 그래서 모든 연극의 제목에 '인생'이라는 부제를 붙일 수 있게 된다. 하지만 무대 위에 펼쳐진 세상에는 의도적으로 계산된 그 무엇인가가 들어 있다. 이것은 또한 극작가가 희곡을 쓰는 이유이기도 하다.

여기에서 필요한 것은 선택과 집중이다. 작가는 자신이 말하고자 하는 바를 가장 잘 구현하기 위해 사건을 고르고 장면으로 형상화한다. 연극 예술에서는 이것을 제일 먼저 희곡이 담당한다. 그래서 희곡 안에는 사건 전개의 핵심인 플롯이 있고, 이에 따라 작품의 완성도가 결정된다고 할 수 있다. 하지만 이게 다는 아니다.

희곡이란 희곡 대본을 쓰는 사람의 힘, 연극하는 배우의 힘, 이런 것을 넘어선 가외의 힘이 보태지는 장르라고 봐요. 형식 자체가 가지고 있는 창출력, 혹은 축적된 그것 자체의 양식화의 능력, 양식이 갖고 있는 표현은 다 못할 망정 표현을 증폭시켜 주는 개방성, 그런 것이 있는 것 같아요(최인훈, 1979: 383-384).

극작가 최인훈이 말하는 희곡 양식의 힘, 표현의 증폭은 결국 그 안에 있는 연극적 특질로 드러난다. 이는 희곡이 연극 공연, 즉 무대 위에서 펼쳐지는 3차원의 세계로 형상화하여 관객과 마주할 때 확연해진다.

최인훈의 희곡 『달아 달아 밝은 달아(이하 '달아 달아')』는 우리가 잘 알고 있는 효녀 심청 이야기를 전혀 다르게 해석한다. 설

최인훈(1936~2018)
한국의 소설가이자 극작가. 1960년 발표한 소설 『광장』은 분단 시대가 낳은 명작으로 알려져 있다. 1970년대 이후에는 극작에 전념하여 총 7편의 희곡을 발표하였다.

화 속 주인공 심청은 아버지 심 봉사의 눈을 뜨게 하려고 기꺼이 자신을 희생하며, 그 희생은 훗날 왕비가 됨으로써 보상받는다. 반면 최인훈 희곡에 나오는 심청은 희생의 대가로 보상받기는커녕 도리어 철저하게 파멸하기만 한다. 누군가에게는 이러한 패러디가 전통적인 가치관으로 여겨져 오던 효를 비웃는 것으로 느껴질 수도 있다. 이처럼 같은 이야기를 작가가 어떤 의도로 어떻게 쓰는가에 따라 주제와 내용이 완전히 달라질 뿐만 아니라, 독자의 자의적인 해석도 무궁무진해진다.

등장인물 또한 마찬가지다. 설화 속 심 봉사는 딸 청의 효심에 못지않게 자식을 생각하는 부성애로 가득 찬 인물이다. 그렇기에 심청 설화는 왕비가 된 청과 걸인이 된 심 봉사의 이야기가 거의 대등하게 펼쳐지면서 우리에게 부모와 자식 간의 끈끈한 정을 돌아보게 한다. 반면에 『달아 달아』의 심 봉사는 부성애는커녕 심청의 철저한 파멸에 한몫하는 보조 인물일 뿐이다. 자기 눈을 뜨기 위해 딸 청이 장 부자네 소실로 들어가 주기를 은근히 바라는 심 봉사의 부정적인 아버지 이미지는 뺑덕어미와 함께 자신의 욕심만을 채우고자 심청을 외면하여 결국에는 파멸시키는 역할로 극대화된다.

공간 역시 그러하다. 설화에서 심청의 변모는 용궁이라는 환상의 나라를 통해서 비로소 가능해진다. 따라서 용궁은 극 진행을 반전시키는 계기를 마련하는 공간으로, 인간으로 하여금 꿈을 실현할 수 있게 해 주는 초월적 힘의 상징이라고 할 수 있다. 반면 『달아 달아』의 용궁은 심청을 창녀로 전락시키는 사창가로, 용은 그녀를 짓밟는 무수한 남자들로 형상화되어 등장한다.

『달아 달아』의 주인공 심청은 우리가 기존에 알고 있던 내용과는 전혀 다른 인물로 다가오는데, 이는 작가가 의도적으로 장치한 시간적 배경에서도 드러난다. 희곡에서 심청은 꽃다운 처녀에서 '머리가 세고 허리는 굽고 눈먼' 할머니가 되기까지 수십 년의 세월을 산다. 하지만 무대에서는 팔려 가기 전까지 순종적이고 희생적인 딸, 그리고 비극적 사건 이후 어떠한 감정의 변화도 없는 여자, 이 두 부류의 인물로 존재한다. 그녀에게서는 어떠한 감정의 변화도 보이지 않으며, 독특한 성격이나 개성도 전혀 찾아볼 수 없다.

작가는 이처럼 몰개성적인 심청을 표현하기 위해 또한 침묵과 인형, 반복이라는 연극적 장치를 사용하는데, 이는 그녀를 둘러싸고 있는 상황, 도저히 극복할 수 없는 불가항력의 삶의 조건을 나타내기 위한 것이라 할 수 있다. 이 세상의 부조리를 거듭 반복하여 경험한 사람에게는 고통도 기쁨도 그다지 큰 차이가 없다. 단지 주어지는 대로 성실하게 살아갈 따름이다. 그럼으로써 심청은 더 이상 회피하지 않고 자신의 상황을 직시하며 주어진 모든 것을 긍정적으로 받아들인다. 이와 같은 현실 인식을 통해 심청은 실존적 인물로 변화하는 것이다(박미리, 2009: 250-252).

늙은 심청이 바닷가에 앉아 회상하고 있다.
달 속 토끼가 웃고 있는 모습이 대조적이다.

이처럼 작가의 의도를 따라가다 보면 기존에 알고 있던 이야기가 낯선 형태로 탈바꿈하면서 이야기 속 인물도 생경한 존재가 되어 우리에게 다가온다. 한국의 효녀 심청이 자신의 운명을 덤덤히 받아들이는 실존적 인물로 형상화되는 것을 보다니 얼마나 놀라운 일인가! 더욱이 그것을 무대에 올리면 이번에는 연출과 무대 디자이너 그리고 배우 등 여러 역할의 사람들이 저마다 상상력과 창조성을 발휘하여 작가조차 감탄할 정도로 더 한층 멋진 세상이 펼쳐진다. 바로 이것이 앞서 최인훈이 말한 '가외의 힘' '개방성'인 것이다.

여기에는 무엇보다 시간과 공간의 넘나듦이라는 연극적 특성이 있다. 그런데 이것은 무대 위 세상뿐만 아니라 연극을 실제로 관람하는 극장도 해당된다. 공연을 보러 간 관객의 입장에서는 객석에 앉아 있는 그 시간과 공간이 현재다. 그가 마주한 무대 위 시공간은 설령 그것이 현실을 사실 그대로 반영한다고 해도 허구이자 환상의 세상이다. 현실과 허구의 겹침은 궁극적으로 모든 시간과 공간이 하나라는 인식, 즉 보편성으로 안내한다. 바로 이것이 연극의 가장 중요한 본질이자 모든 예술의 속성이기도 하다.

파울 클레(Paul Klee)가 말했듯이 예술은 "보이는 것을 보게 하는 것이 아니라 보이지 않는 것을 보이도록 한다." 예술을 보고 듣고 느낀다는 것은, 다시 말해 그것을 표현한 사람의 보이지 않는 생각에 함께 공감하고 감동을 받는다는 것을 의미하는데, 이는 미적 경험을 뜻한다.

연극을 비롯한 예술의 치유성은 예술의 역사 속에서 언제나 함께 거론될 만큼 본질적 요소로서, 이는 무엇보다 예술을 심미적, 정서적 측면과 더불어 특히 인지적 영역으로 보는 관점에서 그러하다. 즉, 예술을 매개로 한 치유는 예술가의 창조와 감상자의 향유라는 양면에서 형성되는 심미적 경험 속에서, 그리고 또한 예술 자체를 '세상을 인식하는 근본적인 방식'으로 파악함으로써 이루어지는 것이다(Winner, 2004: 35).

예술의 치료적 속성이 이처럼 우리가 사는 이 세상과 떼려야 뗄 수 없는 관계에 놓여 있다면, 현실을 다양한 방식으로 무대에 옮겨 놓는 연극이야말로 다른 어느 예술보다도 치료로 기능할 수 있는 필요충분조건을 갖추고 있다고 할 수 있다.

우리 삶을 투영하는 예술에는 창작가가 의도적으로 선택하고

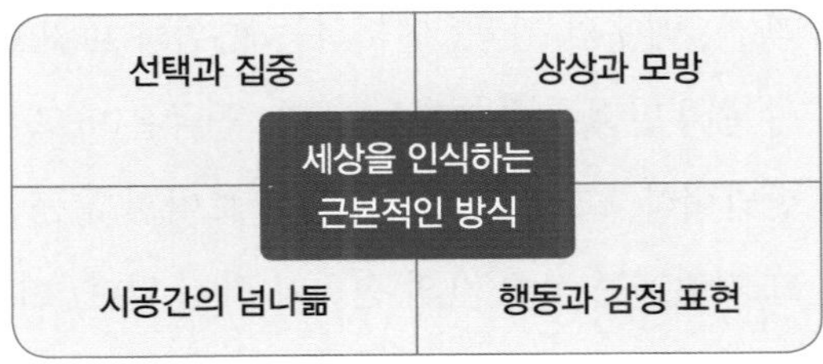


[그림 2-1] 연극 예술의 특성

집중한 무엇인가가 담겨 있다. 그것이 분명 우리가 사는 실제 삶인데도 전혀 다르게 느껴지는 이유는 단순한 모방이 아니라 낯설게 본 상상의 결과물이기 때문이다. 특히 연극은 행동의 모방인데, 이때 행동이란 무대 위 배우가 보여 주는 것만 가리키지 않는다. 그것은 오히려 무대 위에서 펼쳐지는 모든 것을 말하며, 전적으로 관객의 몫이다. 즉, 자유롭게 시공간을 넘나들며 사람 사는 모습을 보면서 결국에는 내가 사는 이 세상 전체를 보는 것이다. 이처럼 우리는 연극의 본질적인 힘이 발현되는 것을 극장에서 경험한다.

## 2) 치료 현장으로서의 극장

지금 이 순간 연극이 공연되고 있는 현장을 한번 상상해 보자. 극장에는 언제나 두 개의 공간이 있다. 배우들이 연기하는 무대 그리고 이를 바라보는 관객들이 있는 객석. 보다 정확하게 말해서 어떤 공간이든지 무대와 객석으로 분리될 수 있으면 그곳은 곧 극장이다.

무대와 객석, 배우와 관객, 연기하는 행위와 바라보는 행위, 그리고 이 가운데 말없이 주고받는 대화, 연극은 바로 이와 같은 두 존재의 만남이다. 그리고 이 만남에는 보이지 않는 관계가 형성되는데, 그 저변에는 상호 간의 신뢰가 깔려 있다. 이러한 관계는 배우와 관객의 사이에서만 일어나는 것이 아니다. 때로는 배우와 배우, 관객과 관객, 나와 또 다른 나 사이에서도 이루어진다. 이처럼 여러 만남이 교차하는 가운데 집단의 유대감이 형성되며, 연극의 치유성은 바로 이것을 바탕으로 한다. 그런데 극장이 소통과 공감을 넘어서 치유의 힘을 지닌 공간이라는 사실은 동서양을 막론하고 고대로부터 이어져 왔다.

### (1) 에피다우로스 극장

그리스 아테네에서 남서쪽으로 65km 정도 가면 에피다우로스라는 휴양도시가 있다. 그곳에는 고대 그리스 시대 가장 큰 병원으로 알려진 아스클레피온이 있다. 현재 병원 안에 있던 크고 작은 건물들은 대부분 사라지고 없지만, 에피다우로스 극장은 고대 그리스 원형 극장 중 가장 완벽한 형태로 보존되어 있다.

신화에 의하면 아폴론(Appollon)의 아들이자 의술의 신인 아스클레피오스(Aesculapius)가 태어난 곳이 바로 에피다우로스라고 한다. 병원 안에는 그의 신전을 비롯하여 실제 치료가 이루어진 장소들이 있었는데, 아스클레피오스가 직접 사람들을 치료하였다는 이야기가 전해진다. 병원 문 앞에는 '오직 순수한 생각을 가진 자들만 들어오라.'는 글귀가 새겨져 있었다고 한다. 아마도

연극치료의 살아 있는 역사, 에피다우로스 극장

치료에 마음의 안정과 평안을 중요시하였기 때문이라고 생각된다(강신익 외, 2020: 215-216).

에피다우로스 극장 역시 치유 수단으로 사용되었는데, 14,000명에 이르는 사람들이 그곳에 모여 음악과 노래, 연극, 그리고 경기 등을 관람하였다고 한다. 거대한 병원 부지에 음악당과 경기장, 그리고 극장이 있었다는 것은 환자의 심신 치유에 예술이 유용하게 쓰인다는 사실을 뒷받침한다.

마음에 와닿는 음악을 들으며 스스로 위로하거나 그림을 보고 감동하는 것은 회복에 큰 도움이 된다. 또한 아리스토텔레스가 말했듯이 한 편의 비극을 보고 연민과 공포의 감정을 느끼고 정화되는 경험은 이미 그 자체가 치유다. 예술치료는 오늘날 새롭게 부상한 것이 아니다. 2,500년 전 그리스에서도 이미 존재하였던 것이다.

**아스클레피오스의 지팡이**
우리나라의 의학 관련 단체들은 이것을 상징적인 이미지로 사용한다.

인류 최초의 의사 아스클레피오스의 부모는 아폴론과 코로니스 공주다. 공주는 아폴론이 신이기 때문에 인간인 자신과 영원히 사랑할 수는 없을 것이라고 생각해서 다른 나라 왕자와 혼례를 올린다. 이에 격분한 아폴론은 공주에게 불화살을 쏴 버리고 만다. 하지만 불구덩이가 되어 죽어 가는 공주의 몸에서 아들을 꺼내 살리고, 반인반수이면서 영웅들의 스승이라고 불리는 케이론(Chiron)에게 맡겨 아들을 양육하게 한다. 그가 바로 아스클레피오스다.

케이론은 아스클레피오스에게 직접 의술을 가르쳤고, 그는 사람뿐만 아니라 신도 살리는 명의가 된다. 이에 제우스는 인간이 신의 세계에 간섭한다는 명목으로 아스클레피오스를 죽인다. 세월이 흘러 제우스는 그를 용서하고 밤하늘의 별, 뱀의 주인 자리가 되게 한다. 제우스는 아스클레피오스에게 인간 세계에 찾아와 사람들의 병을 고치도록 허락한다.

에피다우로스 극장에는 씨멜레라는 원형 건물이 있는데, 그곳은 아스클레피오스를 모시는 신전과도 같다. 환자들은 치료를 위해 특별히 그곳에서 잠을 자곤 하였다. 그러면 꿈속에서 아스클레피오스가 방문하여 환자의 이야기를 들으며 꿈 내용을 바꿔서 병을 치료하였다고 한다. 이것으로 해결되지 않으면 아스클레피오스를 섬기는 사제들의 도움을 받아 치료를 계속하였다고 한다.

이와 같은 당시의 치료 환경과 방식은 연극치료와 매우 유사하다. 아스클레피오스는 인간의 한계를 넘어선 신적인 존재다. 그는 이미 한 번 죽었고 제우스 덕분에 다시 살아나 전지전능한 의술의 신이 되었다. 명의가 인간이면서 신의 위치에 있다는 것, 이러한 일화는 치료사의 역할에 대해 재고하게 한다. 게다가 그가 치료하는 장소는 현실 세계의 병원이 아니라 신전, 그리고 환자의 꿈속이다.

그가 치료하는 방식은 환자의 꿈에 개입하는 것이었다. 아스클레피오스의 치료는 왜 꿈을 통해 이루어지는 것일까? 환자가 고통스러운 것은 꿈 때문이 아니라 현실인데 말이다. 이는 다시 말해 꿈으로 진단하고 치료한다는 것인데, 어째서 현실이 아닐

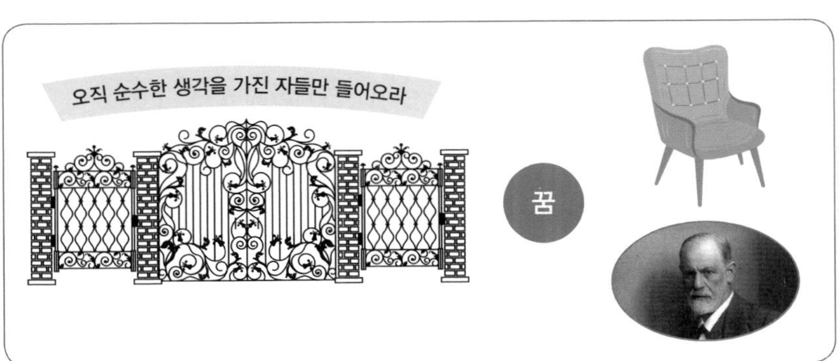

까? 여기에서 우리는 새삼 프로이트(Freud)를 떠올리게 된다. 주지하듯이 꿈은 현실을 반영한다. 일찍이 프로이트는 정신분석에서 꿈의 해석이 매우 중요하다고 강조하였다. 꿈은 무의식을 왜곡과 전치, 압축의 과정을 거쳐 알 수 없는 이미지로 드러내며 동시에 소원성취의 기능을 수행한다는 것이다. 이런 이유로 꿈은 꽁꽁 감추고 싶은 비밀과 만나기에 최적의 장소가 된다.

꿈을 다루는 것은 또한 안전하다는 장점이 있다. 그것은 현실이 아니기 때문에 극히 드문 경우를 제외하고는 우리 몸과 마음에 실제로 생채기를 내지 못한다. 게다가 아스클레피오스나 프로이트와 같이 속마음을 잘 헤아려 주는 의사가 개입하여 살짝 방향을 틀어 준다면, 환자는 꿈을 꾸면서 더할 나위 없이 만족스럽게 원하는 바를 얻을 수 있다. 그렇게 되면 사실이 아님에도 불구하고 그 위력은 결코 무시할 수 없다. 연극치료는 이와 같다. 치료사와 참여자는 실제가 아닌 허구 세계 안에서 주인공이 되어, 하고 싶은 대로 마음껏 행동하면서 자신의 꿈을 펼친다. 다시 말해 연극치료는 꿈 치료의 방식을 실천함으로써 참여자에게 편안함과 행복을 제공한다.

한편, 스티븐 오스틴(Stephen Austin)은 1917년 미국 뉴욕에서 발간된 『연극치료의 원리』에서 이와 유사한 내용을 다룬다. 그런데 연극치료라는 용어가 오늘날과 같은 의미로 정착하기 시작한 것은 서양에서 1960~1970년대부터라고 알려져 있다. 따라서 이 책이 나온 시기에는 연극치료가 아직 생소한 분야였음이 분명하다. 그래서인지 저자는 연극치료라는 용어를 조심스럽게 제시하는데, 책의 내용은 오늘날과 같이 본격적인 치료 현장에서 쓰이는 연극에 대한 것이 아니라 극장 공연 자체를 다루고 있다.

그는 실제로 극장 안에서 공연되고 있는 지금 이 순간, 무대와 객석을 통틀어 극장 공간 전체가 치료 환경이 되는 것에 대해 설명한다. 다음의 일화를 보면 그가 무엇을 말하려고 하는지 선명하게 드러난다.

방돔 광장의 호텔에 있는 메스머(Mesmer)의 진찰실은 곧 파리 부유층의 휴양지가 되었다. 실험실이라 불리는 방 한가운데에는 덮개가 있는 지름 5피트 정도 되는 둥근 욕조 모양의 통이 있었다. 통 안 바닥에는 많은 병이 있는데, 일부는 병 주둥이가 중앙을 향해 있고, 다른 것들은 바깥을 향해 놓여 있었다. 병이 담긴 통은 물로 채워져 있고, 병 뚜껑에 있는 여러 구멍에는 휘어진 쇠막대가 튀어나왔다.

메스머가 정한 대로 그 방의 벽은 온통 거울로 둘러싸였고, 거울을 통해 반사함으로써 마력이 더욱 증가하였다고 한다. 환자들은 통을 중심으로 서로 무릎이 닿을 정도로 가깝게 원으로 둘러앉았다. 각자 손으로 통에서 튀어나온 쇠창살을 하나씩 잡았다. 첫 줄 뒤에 두 번째 줄의 환자들이, 그 뒤로도 몇 줄 더 둘러싸고 있었는데, 서로 손을 잡고 있어서 옴짝달싹하기 어려울 정도였다. 그들은 긴 줄로 욕조 모양의 통과 연결되어 있었는데, 모두 허리를 끈으로 묶어서 서로 이어져 있었다.

방 안에는 신비스러운 황혼빛이 가득했다. 하프와 피아노로 연주

되는 달콤한 멜로디가 귀를 사로잡고, 음악이 잠시 멈추면 이번에는 메스머가 직접 오르간을 연주하며 부드럽고 은은한 소리를 들려주었다. 사람들은 욕조에 꽂힌 신비로운 막대기를 잡고 서로 손을 잡은 채 앉아 있었다. 그들은 차례차례 이상한 감각과 경련을 경험하기 시작하였고 모두 다 똑같이 하나가 되었다. 그러면 자줏빛 비단옷을 입은 메스머가 손에 쇠 지팡이를 들고 엄숙하게 입장했다. 그는 장엄하고 품위 있게 걸어 다니면서 환자들을 어루만졌다. 순식간에 격정적인 치유가 일어났다. 환자들은 뛰어오르고 울고 웃으며 서로 껴안았다. 그의 동료는 다음과 같이 말했다. "메스머의 진찰실에서 실제로 그 장면을 목격하지 못한 사람들은 그것이 어떤 것인지 생각조차 하지 못할 것이다. 반면 실제로 목격한다면, 그들 중 누군가가 보여 주는 완벽한 평온과 휴식에, 그리고 또 다른 누군가가 보여 주는 격렬한 흥분에 매우 놀랄 것이다"(Austin, 2023: 66-67).

안톤 메스머

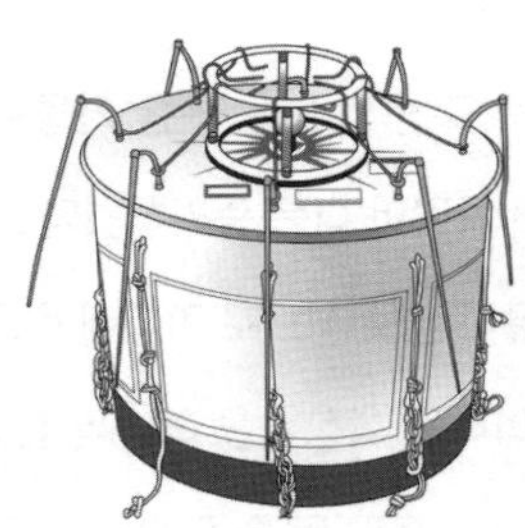
욕조 모양의 통

메스머의 치료 현장

프란츠 안톤 메스머(Frasz Anton Mesmer, 1734~1815)는 독일의 의사로, 최면술의 아버지로 알려져 있다. 최면술을 뜻하는 용어 중 하나인 'mesmerism'은 메스머의 이름에서 유래한 것이다.

그는 '동물자력(animal magnetism; 動物磁力)'을 치료 목적으로 사용하는데, 이것은 곧 '생체 에너지학'이다. 그는 자신의 체내에서 어떠한 힘을 사용하여 다른 사람들에게 영향을 줄 수 있다고 주장하는데, 이 힘은 우주에 충만해 있고 특히 사람의 신경계에 영향을 준다는 것이다. 즉, 우리의 체내에는 유체가 흐르고 있으며, 유체는 자력에 영향을 받는다는 것이다. 또한 질병은 이 유체의 흐름에 이상이 있어서 생기는 것이고, 숙달된 사람은 이를 이용하여 병을 치료할 수 있다는 것이다.

이 공간에 모인 사람들은 메스머의 지시에 전적으로 따른다. 그를 실제 사람이 아니라 신적인 존재처럼 받아들이고 모두 함께 현실이 아닌 꿈의 세계로 들어간다. 그 안에서 그들은 마치 처음 경험하는 듯한 감각적인 자극을 맛보면서 그의 손길에 따라 격정적인 황홀경에 빠져 버린다. 그리고 나면 정화와 치유의 행복감을 맛본다. 이는 놀랍게도 앞 장에서 본 것과 같이 연극 예술의 특성을 고스란히 반영한다.

저자는 이 사례를 인용하여 극장도 이래야 한다고 주장한다. 무대 위 배우들은 메스머와 같은 존재다. 그들은 관객을 향해 마치 주술을 행하듯이 최면을 걸고, 극장 전체는 이러한 집단 황홀경에 빠져 치유에 이르러야 한다. 이처럼 꿈의 세계에 빠져든다는 점에서 에피다우로스 극장의 치유법과 유사한 구조를 확인할 수 있다. 앞서 보았듯이 꿈은 일종의 소원 성취 기능을 한다. 모든 것이 조화를 이루어 하나가 되는 신비로운 경험은 실로 꿈만 같은 일이다. 그리고 나서 현실로 돌아갈 때 초월적 시공간에 머

물렀던 기억 덕분에 새롭게 살아갈 힘을 얻는다. 그렇다면 한국의 극장은 어떨까?

### (2) 한국의 굿판

서양과 달리 우리나라 연극은 극장이 필요하지 않았다. 궁궐에서는 극장을 지었다가 허물기도 했지만, 일반 서민들에게는 그다지 중요한 사안이 아니었다. 광대들은 이 마을 저 마을 돌아다니다가 어느 집 양반이 잔치를 열 터이니 와서 한바탕 놀아 달라고 하면 널따란 마당에 판을 펼친다. 그것만 있으면 어디에서건 연극은 벌어진다. 가면을 쓴 광대가 능수능란한 솜씨로 관객을 유혹하면, 이를 빙 둘러싸고 보고 있던 관객이 그 즉시 화답하여 서로 주거니 받거니 하면서 즐겁게 논다. 그저 관객과 배우가 한데 어우러져서 노는 것, 이것이야말로 연극 본연의 모습이다.

이러한 놀이판의 또 다른 형태가 굿이다. 굿은 우리나라의 대표적인 종교의식이다. 굿을 주관하는 무당은 우리와 같은 보통

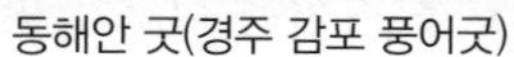

동해안 굿(경주 감포 풍어굿)

진도 씻김굿

굿판에서 무당과 연주자, 주인공과 관객은 함께 어우러져서 논다.

사람들과는 다르게 신통한 면이 있다. 다시 말해, 신과 통한다는 말이다. 무당은 신에게 제물을 바치고 노래와 춤을 추며 잘 보살펴 달라고 빈다. 엄숙한 제식이 끝나면 굿을 보러 온 동네 사람들은 함께 웃고 즐기면서 논다. 그래서 우리는 "굿판을 벌이고 신명 나게 놀아 보자."라고 말한다.

우리나라에서 전해 내려오는 굿은 지역과 성격, 규모에 따라 종류가 매우 다양하다. 그렇지만 공통적으로 개인의 수복강녕을 빌고 공동체의 질서를 잘 유지하고자 하는 목적을 지닌다.

굿은 슬픔, 눈물, 탄식, 애도로 시작하여 웃음, 기쁨, 즐거움으로 끝난다. 모든 한이 풀렸으니 이제 흥만 남은 것이다. 망자의 혼을 위로하고 산 자의 마음속에 있던 응어리를 풀어내 버림으로써 산 자는 망자와 후련한 이별이 가능하게 된다. 심리적·물질적으로 이슈가 해결된 상태에서 대단원의 막을 내린다. 이렇듯 기쁨과 흥이 넘쳐나는 굿판의 종결점은 축제 자체가 된다(이선형, 2016: 12).

응어리진 슬픔이 사라지려면 우선 슬픔의 정체를 알아차리고 깨달아야 한다. 그런 다음 훌훌 털고 일어날 수 있다. 이를 위해 무당은 굿판을 이끄는 진행자로서 전체 흐름을 주도한다. 무당은 이야기에 따라 적절한 역할을 입은 연기자로 변신한다. 여기에 북을 치는 연주자 겸 청취 리액션 담당자가 분위기를 북돋아 주면, 모두가 신명 나게 즐기게 된다. 굿판에 모인 사람들은 곧 배우와 관객이다. 이처럼 연극의 요소가 갖추어지고, 하나 된 마음으로 수복강녕을 비는 것이 굿의 치유 기능이다.

영국의 연극치료 학자 필 존스(Phil Jones)는 “놀이는 ‘진지하지 않지만’ 동시에 놀이하는 사람을 강렬하게 그리고 전적으로 몰입시키는, 의식적으로 ‘일상적’ 삶의 바깥에 서는 자유로운 활동”이라고 말한다(Jones, 2005: 272). 굿은 놀이의 이러한 개념에 정확히 일치한다. 굿은 단순한 놀이 기능을 넘어서 우리로 하여금 강렬하게 몰입하게 한다. 굿판은 일상생활에서 벗어나 있는 ‘특별한 장소’다. 그곳에 모인 사람들은 서로 어울려 놀면서 집단 공동체가 되어 모두 함께 삶의 위안을 얻고 치유되는 경험을 하는 것이다.

우리나라 굿 가운데 특히 연극치료와 밀접하게 연관되는 것은 오구굿이다. 씻김굿의 일종인 오구굿은 죽은 이의 영혼을 편안히 하고 천도를 빌어 주는 굿이다. 즉, 죽은 영혼과 산 사람들이 화해하고 이승에서 맺혔던 한을 풀고 평화를 얻게끔 이끄는 것인데, 바리데기가 바로 오구신이다.

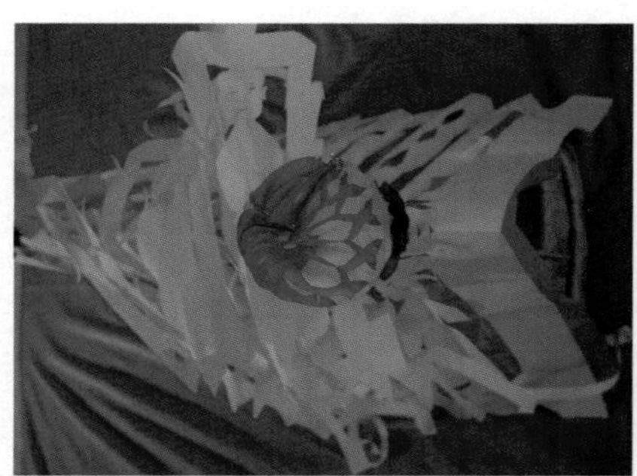
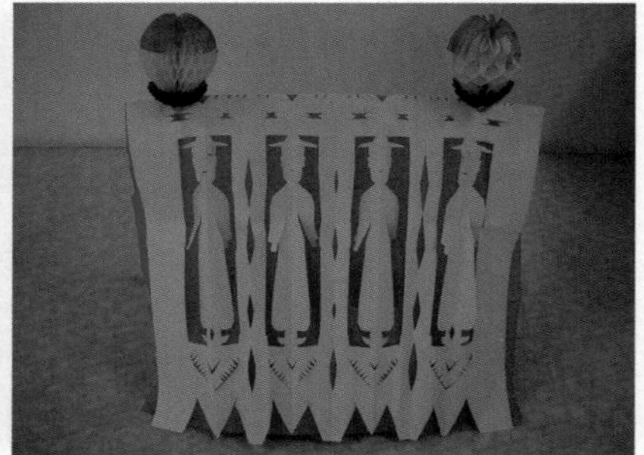

**넋 상자** 넋 상석이라고도 하며, 여기에 죽은 이의 영혼을 담아 극락으로 보내 준다.
사진: 목포대학교 이경엽 교수 제공

바리공주는 사람을 구원하는 치료사의 모습을 문학으로 형상화한 인물이다. 그녀는 공주라는 고귀한 신분으로 태어났지만, 딸이라는 이유로 버림을 받았다. 그럼에도 불구하고 자신을 버린 부모를 위해 죽음을 무릅쓰고 생명수를 구하러 가서 마침내 부모를 회복시켰다. 이 이야기는 인간이 할 수 있는 최고의 치료 여정이다. 효녀이자 희생자, 치료사이자 영웅의 역할을 수행한 그녀는 죽은 영혼을 저승으로 인도하는 신적 존재로 좌정하는데, 이 점에서 투쟁을 통하여 고난을 극복하고 위대한 승리에 이르는 일반적인 영웅과 차별화된다. 고통과 죽음, 재생이라는 원시적 통과제의와 버려짐이라는 영웅 신화의 모티프를 갖추었다는 점은 동일하지만, 바리공주는 질병을 치유하는 치료사의 형상을 지향하고 있다는 점에서 차이가 있다. 이런 연유로 바리공주 이야기는 단순히 '효행 설화의 일종'이라기보다 '궁극적으로 자아 완성에 도달한' 여성-영웅의 여정으로 말할 수 있게 된다(박미리, 2018: 77-78).

여기에는 치료의 핵심이라고 할 수 있는 회복과 변신이 있다. 버림받은 바리공주는 고달픈 여정을 거치며 변화의 과정을 겪고 마침내 신으로 승격할 수 있었다. 천도굿을 주재하는 무당은 죽은 자의 영혼을 입고 산 자와의 마지막 만남과 화해를 이끌어 준다. 굿에 참여한 사람들은 지금 살고 있는 이곳에서 복락을 누리고자 하는 공동체 구성원의 소망을 담아 중간적 존재인 무당을 통해 보이지 않는 초월적 존재에게 도움을 청하는 것이다. 그것은 마치 꿈처럼 차원이 다른 시공간을 넘나드는 통과 과정과도 같다.

바리공주 이야기에서 변신의 주인공이 바리공주라면, 굿판에서는 이를 지켜보는 관객 모두 직·간접으로 변신, 즉 만남과 화해를 경험한다. 민속학자 황루시는 『뒷전의 주인공』에서 이 점을 강조한다.

> 굿은 수많은 존재와 화해를 도모하는 의례다. 여러 신을 청하여 신과 인간이 만나고 화해하는 과정이 바로 굿이다. 삶과 죽음이 화해하는 것도 굿이다. 그리고 그 과정에서 인간과 인간이 화해하게 된다. 이런 거대한 화해의 마지막 장을 장식하는 것이 바로 뒷전이다(황루시, 2021: 257).

뒷전은 '하찮은 잡귀들을 결코 하찮지 않게 대접하는 것'이다. 만약 굿판이 이런저런 이유로 굿을 청한 사람과 무당만의 것이었다면 거대한 화해는 일어나지 않는다. 거기에 모인 구경꾼 모두 그 사람의 아픔을 마치 자기 일인 것처럼 받아들이고 그 여정을 함께한다. 모두가 한마음 한뜻으로 주인공이 된 것이다. 그곳에 하찮은 존재란 단 한 사람도 없다. 굿판은 제의와 놀이 그리고 변신이 일어나는 공간이며, 이 모든 요소는 치료로 귀결된다.

에피다우로스 극장과 우리 굿판은 '꿈의 공간'이다. 그곳은 일상에서 벗어나 꿈을 꾸고 싶을 때 찾는 장소다. '환자'는 자의건 타의건 다른 사람들을 신경 쓰지 않고 자신이 의식하지 못하던 욕망을 마음껏 펼친다. 이게 바로 '환자의 꿈'이다. '치료사'는 신적인 무당의 역할로 아픈 사람을 꿈의 세계로 인도한다. 꿈에서 우리는 전지전능한 존재가 되어 원하는 모든 것을 이룬다.

이 방식은 연극치료 현장에서 실제로 진행하는 작업과 상당 부분 겹친다. 일상에서 벗어나 자유로움을 만끽하는 곳, 거기서 내가 원하는 존재가 되어 보는 것, 나 혼자가 아니라 그곳에 모인 모두가 달라지는 것을 순간순간 경험하는 것, 그러고 나면 서로의 '깐부'가 되는 그곳. 이를 통해 우리는 연극치료가 놀이라는 사실을 다시금 확인한다.

### 3) 예술로 보는 치료

모든 것은 변화한다

- 브레히트

모든 것은 변화한다. 마지막 숨을 거두며
당신은 새로 시작할 수 있다.
그러나 이미 일어난 일은 어쩔 수 없다. 당신이
포도주 속에 부은 물을 당신은
다시 퍼낼 수 없다.

이미 일어난 일은 어쩔 수 없다. 당신이
포도주 속에 부은 물을 당신은
다시 퍼낼 수 없다 그러나
모든 것은 변화한다. 마지막 숨을 거두며
당신은 새로 시작할 수 있다.

이 시는 마치 연극치료를 대변하는 듯하다. '변화' '어쩔 수 없

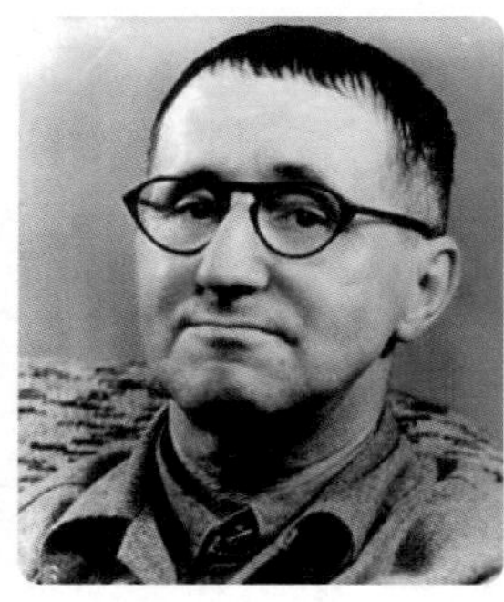

**베르톨트 브레히트**
(Bertolt Brecht, 1898~1956)
독일의 극작가이자 연출가, 시인.
서사극의 '낯설게 하기' 기법으로 서양 연극사에서 아리스토텔레스 이후 전해 내려온 극작과 연출 기법에 반기를 들고 큰 변화를 가져왔다. 사회주의를 연극에 접목하기 위해 연극의 교육적 효과를 강조하였다. 대표작으로 『서푼짜리 오페라』 『사천의 선인』 등이 있다.

음' '새로 시작' 등 치료의 핵심 단어들이 담겨 있을 뿐만 아니라 치료사가 주지해야 할 여러 관점이 포함되어 있다. 게다가 보면 볼수록 새록새록 알게 되는 것들이 생겨나는데, 시는 기본적으로 많은 것을 함축하고 있는 은유이기 때문이다.

이 시에서 가장 많이 반복된 단어는 '당신'이라는 주어다. 제목은 '모든 것은 변화한다'인데, '모든 것' 또는 '변화'가 아닌 '당신'이 무려 6번이나 반복된 이유는 무엇일까? 아마도 '당신', 즉 내가 바라보는 '너'는 결국 우리 모두가 되어 인간으로 확대된다는 점을 말하고 있는 것으로 보인다. 나의 인식을 통한 '당신'이기 때문에, 나는 너, 그리고 우리로 귀일되는 것이다. 이는 시에 쓰인 행동들을 주목해 보면 더욱 확실해진다. 마지막 숨을 거두고, 포도주 속에 물을 붓고 다시 퍼내고, 새로 시작하는 것은 오직 '당신', 즉 '나'다.

브레히트(Brecht)는 인간이 얼마나 고집 세고 변하기를 두려워하며 포도주에 물이나 섞는 어리석은 짓을 하는 존재인지, 그러면서도 왜 삶에 대한 희망의 끈을 놓치지 않으려고 하는지 잘 아는 듯하다. 오죽하면 마지막 숨을 거두는 순간에서조차 새로 시작할 수 있는 시점이라고 말하겠는가? 그래서 시인은 마지막이면서 시작이 될 수 있다는 모순을 시의 앞과 뒤에 배치한 것이다. 이를 통하여 우리는 서글프면서도 모순투성이일 수밖에 없는 존재가 바로 우리임을 알게 된다.

이 시는 우리 삶의 또 다른 아이러니를 보여 주고 있다. 시는 현실적으로 가능한 일과 불가능해 보이는 것을 순차적으로 이야기한다. '이미 일어난 일은 어쩔 수 없고, 포도주에 부은 물을 다시 퍼낼 수는 없다.'라는 것은 우리의 현실이다. 반면 "모든 것이 변화하고 마지막 숨을 거두면서 새로 시작한다."라는 표현은 종말이 새로운 시작임을 말함으로써 캄캄한 현실 저 너머에 희망이 있음을 상기시키고 있다. 이 시는 이처럼 상충하는 두 세계의 모습을 한 평면에 그려 놓았기 때문에 이를 곧이곧대로 이해하는 것은 쉽지 않다.

하지만 이를 우리의 삼차원적인 삶과 관련지어 생각해 보면, 현실과 상상의 모순되는 충돌은 그다지 큰 문제가 아님을 알 수 있다. 마치 우리가 일상을 살면서 꿈을 꾸고 미래의 희망을 품으면서도 현실에 절망하고 그러다가 또 미지의 세계에 대해 상상의 나래를 펴는 것이 자연스러운 것처럼 말이다.

브레히트는 우리를 의도적으로 상상과 현실의 혼돈세계로 이끌어 가는데, 이것이 바로 그가 예술을 선택한 이유다. 다시 말하건대 예술은 '보이지 않는 것'을 보게 한다. 좀 더 정확하게 말하면, 예술은 현실의 '보이는 것'을 넘어 '보이지 않는 것'을 보는 행위다. 심지어 있는 그대로를 모사한 것처럼 보이게 하는 사실주의 그림이나 소설까지도 포함하여 모든 예술은, '보이는 것'을 보게 하는 것이 아니라 '보이는 것'을 통해 '보이지 않는 것'을 보게 하는 것이다. 보이는 것을 보는 것이야 눈이 있다면 누구라도 할 수 있는 일이다. 하지만 브레히트는 보이는 틈 사이로 모순을 직면하게 함으로써 보이지 않는 것을 볼 수 있게 한다.

이와 같은 모순은 시적 형식이라는 또 다른 형태에서도 드러난다. 일종의 순환 방식을 차용한 'A－B－B－A'의 시적 구조를 시간의 관점으로 보면, 과거와 현재, 미래가 알게 모르게 고루 섞여 있음을 알 수 있다. '당신이 포도주 속에 부은 물을 당신은 다시 퍼낼 수 없다.'라는 문장은 결코 돌이킬 수 없는 과거의 사건을 은유적으로 표현한 것이다. 만약 브레히트가 이 시구에서 물과 포도주가 아니라 쌀과 모래를 썼다면 이야기는 달라진다. 물론 쌀과 모래가 섞인 것도 큰 사건이기는 하다. 하지만 그것을 분리하는 것은 어쨌든 가능하다. 하지만 물과 포도주는 화학 처리를 거친다면 모를까 다시 퍼내서 분리할 수는 없다. 이는 우리가 진심으로 후회하는, 도저히 회복할 수 없는 절망적인 사건이다.

포도주와 물의 사건을 과거로 볼 때, '마지막 숨을 거두며 당신은 새로 시작할 수 있다.'는 상대적으로 현재 혹은 미래가 된다. 즉, 언젠가 내가 죽을 미래의 한순간이거나 혹은 지금 죽음을 맞이한 현재의 사건일 수 있다. 이에 비해 '모든 것은 변화한다.'와 '이미 일어난 일은 어쩔 수 없다.'의 두 문장은 시간의 관점으로 보기는 어렵다. 그것은 겉으로는 현재 시점을 취하고 있지만, 미래를 예측하거나 과거를 반추하는 것처럼 한 시점의 사건이라기보다는 마치 관망하는 듯하다.

브레히트는 이 네 개의 문장을 시 속에서 반복과 순환의 형식으로 풀어낸다. 이를 순서대로 나열하면 '현재의 관망−미래−현재의 관망−과거−현재의 관망−과거−현재의 관망−미래'의 구성으로, 현재의 관망을 중심으로 미래와 과거가 서로 교차하는 것을 알 수 있다. 또한 그는 과거, 현재, 미래 모두 현재 시제로 서술하는데, 이러한 방식은 우리를 세상에 대해 새롭게 인식하도록 이끈다. 즉, 시간의 흐름 속에서 우리는 회복 불가능할 정도로 실패를 저지르기도 하지만 그것이 어떤 걸림돌이 될 수는 없다. 왜냐하면 모든 것은 변화하고 우리는 죽는 순간조차 새로 시작할 수 있는 존재이기 때문이다.

브레히트는 제2차 세계대전이 끝날 무렵 나치 정부가 항복하였다는 소식을 듣고 이 시를 썼다고 한다. 조국을 떠나 망명 생활을 하던 그에게 나치의 패망은 그토록 오래 기다리며 갈망하던 사회의 변혁이 마침내 이루어졌음을 알리는 신호가 되었을 것이다. 불가능하다고 생각했던 일이 그렇게 이루어진 것처럼, 우리는 삶의 어떤 순간에도 변화하려는 의지를 놓지 말아야 한다.

반복과 순환으로 거듭되는 일상의 굴레 속에서 우리는 포도주에 물을 섞는 것과 같이 어처구니없는 실수를 저지르기도 한다. '그러나' 매번 새롭게 시작하고, 그것이 오랜 세월 반복 누적되면 어느새 변화가 일어난다. 그 변화는 지극히 미미해서 알아차리기 쉽지 않지만, 돌아보면 죽는 순간 새로 시작할 수 있을 정도로 초월의 경지에 도달한 나 자신을 발견한다. 요컨대 브레히트는 우리가 반복과 순환을 통한 초월을 알아차리기를 바란 것이다.

뛰어난 예술작품은 일순간에 만들어지는 것이 아니다. 똑같은 작업을 수천 번 수만 번 반복하여 갈고 다듬으면서 예술가의 혼을 불어넣었을 때 비로소 걸작이 완성되는 것이다. 이렇게 이루어진 작품을 감상하면서 예술가가 드러내고자 했던 아름다움 그 자체를 경험할 때, 우리는 현실을 초월하여 근원적인 그 무엇인가와 만나게 된다. 이것이 예술과 예술을 대하는 우리의 존재 이유, 즉 '세상을 인식하는 근본적인 방식'인 것이다.

다시 연극치료로 돌아오자. 치료사는 참여자를 만나서 브레히트의 시처럼 '모든 것은 변화한다.'는 사실을 일깨워야 할 것이다. 참여자는 과거의 상처 때문에 무엇을 해야 할지도 모르고 어떤 자극이 와도 적절하게 대응하지 못한다. 심지어 그는 브레히트식으로 말하자면 자신이 포도주와 물을 섞어 버린 줄도 모른다. 이때 치료사는 현재에 집중하도록 돕는다. 마지막 숨을 거두는 것은 최악의 현재라고 볼 수 있다. 비록 그럴지라도 새로 시작할 수 있다는 믿음을 가져야 한다. 포도주와 물을 섞은 것은 중요하지 않다. 다음에 또 기회가 온다면 물을 포도주에 붓지 않으면 된다. 이것이 우리가 할 수 있는 최선이며, 그렇기에 모든 것은 변화할 수 있다. 치료사는 이렇게 그를 이끌어 가야 하는 것이다.

이 시에서는 연극치료의 흐름 또한 볼 수 있다. 참여자는 치료사와 만나면서 처음에는 회복할 수 있다는 희망을 품는다. 그러다가 만나면 만날수록 지난 과거에 대한 회한이 밀려온다. 때로는 지나칠 정도로 좌절하고 자책하기도 한다. 그런데 이러한 추락이 역설적이게도 치료 과정에서 전환의 계기가 된다. 계속 나락에 빠지다 보면 '그러나!'를 외치는 순간이 있다. 그러면 마침내 변화에 대한 확신과 함께 죽는 순간까지도 새롭게 시작할 수 있다는 희망의 의지가 보인다.

그렇다면 우리는 자신을 제대로 알기 위해서 어떤 경험과 인식이 필요할까? 일례로 부모가 내게 미친 영향이 크다면 나는 죽을 때까지 부모와의 관계를 돌아보고 소위 말하는 '상처 입은 내면 아이'를 어루만져야 하는 것일까? 이는 물론 짚어 봐야 하는 관계다. 하지만 이에 못지않게 내가 태어난 이 세상, 우주 속에 있는 한 인간으로서 존재감을 깊이 돌아보는 것도 필요하다.

이런 맥락에서 볼 때 브레히트가 이 시에서 오직 '당신', 즉 '나'라는 존재만 언급한 것은 성찰의 결과라고 생각된다. 변화 의지와 변신, 회복의 주체는 다름 아닌 나 자신뿐이다. 관계는 부차적이다. 내가 달라지면 모든 것이 변한다. 이처럼 예술은 자신을 돌아보고 변화하도록 하는 역할을 기꺼이 담당한다.

플라톤(Ploton)이 말했듯이 참된 세계를 만나기 위해서는 그것의 모범 사례인 자연에 천착할 필요가 있다. 우리는 브레히트의 시처럼 삶에서 계속 반복하여 변화해야 할 것이다. 관계에 집중하여 살펴보는 것은 매우 중요하다. 하지만 그것이 전부일 수는 없다. 그것은 연극치료의 종착점이 아니라 출발점이다. 최종은 결국 나 자신뿐, 오롯이 자신을 돌아보는 것이다.

치료사가 참여자와 함께 이러한 연극치료의 여정에 동행할 때, 참여자는 야코브 레비 모레노(Jacob Levy Moreno)의 말대로 'I-God'으로서의 존재감을 회복할 수 있을 것이다. 'I-God'은, 요컨대 내 인생의 주인공은 바로 나 자신이라는 것, 내가 신만큼 큰 존재이며 영웅처럼 거대하다는 것을 뜻한다. 자신이 바로 이런 존재임을 알 때 우리는 비로소 거대한 우주와 마주할 수 있게 될 것이다. 예술적 경험이 필요한 것은 이 때문이다. 누차 강조하지만 그럼으로써 보이지 않는 것을 보게 하는 것, 이것이 예술의 본질이자 연극치료의 근본이다.

**우주와 나**

마지막 숨을 거두며 당신은 새로 시작할 수 있다.

제 2 부

# 만나기

## 놀이는 어떻게 연극치료와 만날까

## 놀이는 어떻게 연극치료와 만날까

제2부 '만나기'는 연극치료 관련 문헌과 실제 작업에서 놀이를 구체적으로 어떻게 사용하는지 살펴본다. 앞에서 본 놀이와 연극의 치유적 기능에 관한 기초 지식을 바탕으로, 여기에서는 연극치료에 관한 전반적인 흐름을 이해하고 각각의 놀이가 어떻게 치유적 기능을 담당하는지 알아본다. 제3장과 제5장은 실제 작업과 관련되며 제4장은 문헌을 바탕으로 설명하는데, 이를 통해 연극치료에 대해 깊이 알아 가기를 바란다.

제3장 '연극치료사, 참 만남의 주체'에서는 잘 볼 줄 알고 잘 놀 줄 아는 것이 치료사로서 갖추어야 하는 덕목임을 간략하게 다룬다.

제4장 '놀이 중심 연극치료의 흐름'에서는 서양의 연극치료 실제 작업 모델 가운데 두 가지 형태를 설명한다. 그 이유는 르네 에무나(Renée Emunah)의 '5단계 통합모델'은 연극 행위를 전반적으로 아우르는 대표적인 형식이며, 데이비드 리드 존슨의 '발달변형모델'은 연극치료 작업을 전적으로 놀이로 보는 접근법이기 때문이다.

제5장 '연극치료 작업 속 네 가지 형태의 놀이'는 저자인 나 자신이 실제로 진행한 연극치료 작업을 근거로 놀이를 네 가지 형태로 분류하여 살펴본다. 이를 통해 연극치료에서 놀이를 어떻게 이해하고 적용하는 것이 유용한지, 그리고 각각의 놀이가 어떤 증상에 효과적인지 이해하기를 바란다.

여기에서 연극치료에서 놀이가 실질적으로 어떻게 이루어지는지 안 다음, 마지막으로 실제 경험한 사례를 통해 먼저 간접 경험을 하고 이후 그것을 직접 경험할 준비를 한다.

제3장

# 연극치료사,
# 참 만남의 주체

제1부에서 우리는 놀이가 연극치료와 어떤 연관성이 있는지 알아보았다. 먼저 우리 삶에서 놀이가 어떤 의미와 비중을 차지하는지 보았고, 또한 연극과 예술에 내재한 치료적 속성에 대해 살펴보았다. 이제 놀이가 연극치료와 어떻게 만나는지, 다시 말해 실제 연극치료 작업에서 놀이가 어떤 방식으로 활용되는지 알아보고자 한다. 시작에 앞서 지금까지 살펴본 바와 같이 놀이를 정리해 본다.

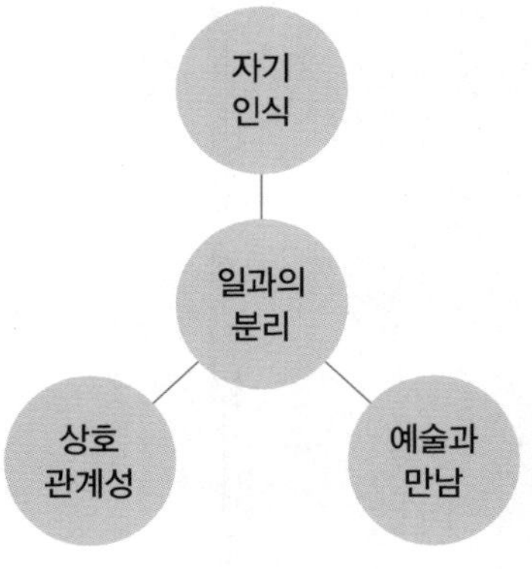


[그림 3-1] 놀이의 의의

| 즐겁다 | |
|---|---|
| 자유롭다 | 내가 드러난다 |
| 자발적이다 | 나에게 몰입한다 |
| 창조적이다 | 가장 나답다 |
| 목적이 없다 | 함께한다 |
| 변화무쌍하다 | 아름답다 |
| 규칙이 있다 | 자기초월적이다 |
| 반복적이다 | 세상을 이해하는 방식이다 |

[그림 3-2] 놀이의 특성

놀이의 일차적 의의는 거듭 강조하였듯이 그것이 먹고살기 위해 하는 일이 아니라는 사실에 있다. 여기에서 즐거움과 자유로움, 해방감 등의 감정을 느끼고, 상호 관계를 형성하는 가운데 일련의 규칙이 생기고 반복되는 것을 경험한다. 또한 놀이하는 순간 의도치 않게 자기 자신에게 몰입하여 가장 나다운 것이 무엇인지 알아 가는가 하면, 예술과 만나 아름다움을 추구하는 가운데 세상을 인식하는 방식을 알고 자연의 섭리를 이해함으로써 자기 초월을 경험한다. 이 밖에도 놀이가 우리 삶을 풍요롭고 가치 있게 한다는 것은 자명한 이치다.

연극치료사들은 작업에서 놀이가 얼마나 중요한지 잘 알고 있기에 이를 십분 활용한다. 특히 데이비드 리드 존슨(David Read Johnson)의 발달변형모델은 오로지 놀이를 중심으로 연극치료의 전 과정을 설명한다. 이 장에서는 놀이가 연극치료와 어떻게 만나는지 알아보는 만큼 연극치료의 실제 현장에 관한 이야기를 다룰 것이다. 먼저, 만남의 주체로서 연극치료사가 어떤 존재인지 간략하게 살펴보고, 이어서 놀이 중심 연극치료의 흐름으로 5단계 통합모델과 발달변형모델을 알아볼 것이다. 그런 다음 나는 연극치료사로서 참여자들과 실제로 어떻게 연극치료 작업에서 놀이로 만났는지 모방과 투사, 표현과 변신 이 네 가지 형태의 놀이로 나누어 살펴볼 것이다.

연극 예술이 예술가의 창작품이라면, 연극치료는 연극치료사가 이를 활용하여 치료에 임하는 작업이다. 따라서 연극치료사는 연극치료에서 주도적인 역할을 수행하는데, 이는 연극치료의 정의에서도 잘 드러난다. (사)한국연극치료협회에서는 연극치료를 다음과 같이 정의한다.

"연극치료는 예술치료의 한 분야로, 연극치료사가 참여자의 심리적 문제나 장애를 치료하기 위해 연극 활동을 매개로 사용하는 것을 말한다. 연극치료사는 치료 환경에서 참여자에게 체계적으로 연극 활동을 하게 함으로써 치료적 효과를 이끌어 내어 심신의 건강을 회복하도록 돕는다."

이와 같이 주체가 연극치료사임을 명백하게 하는 것은 두 가지 의미에서 중요하다. 그것은 먼저 작업에 대한 선택과 책임을 확고히 해야 한다는 것을 뜻한다. 이는 치료의 성패와 관련하여 치료사의 능력과 자질이 그만큼 중요하며, 연극치료사가 되고자 하는 사람은 이를 위해 부단한 노력을 해야 하는 것이다. 이것이 치료사 스스로 갖추어야 하는 것이라면, 또 다른 의미는 치료사를 보호하기 위함이다. 즉, 치료 환경에서 연극치료사에 대한 믿음과 존중이 있어야 하는데, 이는 치료를 의뢰한 기관이나 환자, 그리고 환자의 보호자 등 치료를 받는 입장에서 갖추어야 하는 측면에 해당한다.

누군가로부터 합당한 대우를 받으려면 그 이상의 노력이 뒤따라야 한다. 따라서 우리는 과연 좋은 연극치료사란 어떤 사람인지 끊임없이 탐색한다. 실제로 연극치료를 가르치면서 이 질문을 던지면 예상외로 많은 이야기가 쏟아진다. 잘 들어 주는 사람, 이해하고 존중하는 사람, 배려하고 친절한 사람, 공감 잘하는 사람, 유쾌한 사람 등등. 다 맞는 말이다. 이와 같은 성품은 분명 연극치료 작업을 잘하는 데 도움이 된다.

어떤 분야의 치료이건 간에 좋은 치료사란 결국 치료를 잘하는 사람이다. 즉, 환자의 아픈 곳을 정확히 알고, 그것을 최대한 잘 제거하여 다시 발병하지 않도록 회복시켜야 하는 것이다. 사실 이를 모르는 사람은 없다. 그런데도 앞서 본 바와 같이 수많은 자질에 대해 설왕설래하고 고민하는 이유는, 역으로 내가 아플 때 누군가의 친절한 도움이 얼마나 절실한지 경험했기 때문일 것이다.

어디에서건 인간의 존엄성이 무시당하는 것은 참 견디기 힘든 일이다. 하물며 치료 현장에서 환자는 절대 약자의 입장이 되는 만큼, 자신의 생명과 직결되는 권한을 지닌 존재에게 인격적인 면모를 기대하고 싶어진다. 연극치료의 정의에서 '연극치료사'라는 주체를 먼저 언급하는 것도 이와 같은 맥락에서 이해할 수 있다. 치료 현장에서 최고 강자는 치료사다. 그런 만큼 치료사는 치료를 잘하기 위한 기술 습득은 말할 것도 없거니와 환자를 존중하고 그 가치의 소중함을 깊이 새겨야 한다. 그래야만 치료하는 주체와 치료받는 대상이 상호 동등한 입장에 놓이는 바람직한 치료 환경이 조성될 수 있다.

좋은 연극치료를 할 수 있는 기술과 자질을 갖춘 치료사는 '공명(共鳴)하는 치료사'라고 할 수 있다. 공명은 공감을 넘어선 개념으로, 환자가 치료사 품 안에 넉넉하게 담겨서 무슨 말이든지 여운이 남을 정도로 울릴 수 있음을 의미한다. 공명하는 치료사는 환자에게 구구절절 사연을 '말하지 않아도 안다.'는 믿음을 준다. 그리고 이 사람이야말로 내가 어디가 아픈지, 원인은 무엇인

공명하는 치료사

지 정확히 알고 나를 확실히 낫게 해 줄 것이라는 확신을 준다. 환자가 치료사에 대해 전적인 신뢰와 믿음을 갖게 되면, 치료사라는 존재 자체만으로도 회복의 힘이 발휘된다.

여기에서 오해의 소지가 발생할 수 있다. 우리는 쉽게 "괜찮아요. 나를 믿으세요."라고 말하기도 한다. 그런데 알다시피 믿음은 저절로 생기는 것이 아니다. 아무리 나를 치료해 준다고 해도 어떻게 처음 본 사람을 무작정 믿을 수 있단 말인가? 잘못하면 오히려 불신만 커질 수 있다. 그렇다면 온화한 표정과 웃음은? 물론 도움은 될 것이다. 그러나 이 모든 것에 앞서서 치료사가 먼저 참여자를 믿는 것이 필요하다. 내가 그를 믿을 때 의식하지 못하는 사이 나로부터 그런 느낌이 그에게 전달될 것이다. 그러면 그는 나를 편안하게 대하면서 차츰 믿게 될 것이다.

누군가를 전적으로 믿는다는 것은 자신이 그로부터 사랑받는다는 확신이 있을 때 가능하다. 치료사가 갖추어야 하는 여러 자질 가운데 으뜸은 역시 사랑이다. 이것은 평범한 만남이 아니라 진정한 '참 만남'이다. 참 만남이란 누군가를 가장 그답게 만나는 것이다. 이를 위해서는 있는 그대로 볼 줄 알고 제대로 만날 수 있어야 한다. 그리고 제대로 만나야 할 사람은 다름 아닌 바로 나 자신이다. 끊임없는 자기 분석은 이를 위해 필요하다.

# 1 잘 볼 줄 아는 연극치료사

치료사는 어떤 기술보다도 참여자를 잘 볼 줄 알아야 한다. 여기에는 건강함의 기준, 진단평가와 목표 그리고 예술적 접근법의 기준 등이 포함된다. 즉, 치료 작업 내용은 연극 예술의 형태를 띠지만 그 적용 방법과 분석은 보편적 원리와 법칙에 근거한 과학적인 방식으로 이루어진다는 것을 의미한다. 이 중에서 진단평가는 특히 연극치료를 과학의 영역으로 볼 수 있는 근거와 타당성을 제공한다. 그런데 연극치료의 진단평가는 일반 심리검사와 달리 예술적인 측면을 아울러 가지고 있다. 왜냐하면 그 진단 도구 역시 연극 자체에서 비롯되기 때문이며, 그러므로 연극치료를 과학으로 올바로 이해하기 위해서는 오히려 예술로서의 특성을 바탕으로 접근해야 할 것이다.

본격적인 연극치료를 시작할 때 유념할 것은 건강함에 관한 개념이다. 물론 나와 다른 그 사람만의 고유함을 고려해야 하는 것은 당연한 일이지만, 어쨌든 공통된 기준은 필요하다. 최근에는 DSM-5-TR(Diagnostic and Statistical Manual of Mental Disorders-5-TR: 『정신질환의 진단 및 통계 편람』 제5판 수정판) 진단기준이 객관적인 평가로 사용되는데, 연극치료에서는 이 외에도 다양한 근거를 참고로 한다. 데이비드 리드 존슨이 제시한 건강함의 세 영역은 누구에게나 적용이 가능한 근거로 기능할 뿐만 아니라 특히 연극치료와 같이 예술 매체를 활용할 때 유용하다.

> 건강에는 3개의 중요한 영역이 있다. - (1) 행복과 그 자체에 대한 생각과 감정, 그리고 종합적인 행복을 포함하는 기본적인 삶의 만족도, (2) 우리를 불안하게 하거나 고통의 원인이 되는 증상을 수반하는 병, (3) 직장, 학교, 가족 체계에서 기능하는 능력. 첫 번째 영역은 경험의 영역이고, 두 번째는 진단, 세 번째는 장애의 영역이다. 어떤 이는 내부적으로 고통받고 있어서 병적인 증상 없이 일을 할 수 있는지도 모른다. 예를 들어, 자기애적 인격 장애, 특별한 유형의 알코올 중독자 등등. 그래서 세 영역은 모두 중요하며 연극치료 진단의 대상이 될 수 있다(Johnson et al., 2013: 68).

'경험'의 영역이란 '행복에 대한 생각과 감정, 그리고 종합적인 행복을 포함하는 기본적인 삶의 만족도'를 뜻한다. 다시 말해 건강한 사람은 행복한 경험을 많이 하며, 그 덕분에 자기 삶에 대해 만족한다는 것이다. 이를 경험의 영역으로 본다는 것은 두 가지 점을 시사한다. 첫째, 지금까지 살아온 과거라는 시간이 현재와 미래를 만든다고 할 정도로 중요하다는 것, 둘째, 행복과 만족이 건강의 중요 기준이라는 것이다. 사실, 경험이야말로 인생 전체를 책임지는 주된 요인이다. 앞 그림에서 경험을 아래에 둔 것은 그것으로부터 다른 두 영역인 진단과 장애가 형성된다고 보기 때문이다. 이를 관점을 달리하여 보면 그 사람의 행복이 무엇

[그림 3–3] 데이비드 리드 존슨이 제시한 건강함의 세 영역

인지 함께 찾는 것은 치료에서 가장 중요한 목표가 된다.

다음으로, '진단'의 영역에는 '우리를 불안하게 하거나 고통의 원인이 되는 증상을 수반하는 병'이 해당한다. 이것은 정신 병리적 입장에서 문제가 있어서 '신체화' 또는 '증상'으로 발현되는 것을 말한다. 이는 세 영역 가운데 눈으로 확인할 수 있는 측면이므로, 첫 만남에서 치료사가 참여자에게 주목해서 봐야 하는 관찰 대상이다.

마지막으로, '장애'의 영역은 '직장, 학교, 가족 체계에서 기능하는 능력'을 의미한다. 이는 일반적인 사회적 능력을 가리키며, 확연히 드러나는 대신 애매모호하게 작용하는 경향이 있다. 사실 우리가 정상적으로 사회생활을 영위하지 못하게 되는 데에는 여러 요인이 있을 것이다. 그중에서 어떤 난관에 봉착했을 때 그것을 제대로 해결하지 못한 것도 원인 중 하나가 된다. 따라서 장애 영역은 심리적 영향권에 속한다고 볼 수 있다.

이 세 영역을 기준으로 할 때 가장 유의할 점은 개인마다 고유한 건강함이 다르다는 사실이다. 기질상 낙천적이고 긍정적인 사람은 '삶의 만족도' 항목에서 건강하지 못한 지수가 60이라면, 우울하고 부정적인 성향의 사람에게 그 점수는 오히려 매우 행복한 지수일 수 있다. 따라서 60을 일반적인 기준으로 삼아 건강함과 건강하지 않음을 구분한다면 이는 어불성설이다. 건강함의 기준을 누구에게나 동일한 잣대로 판단해서는 안 된다는 사실은 상식이지만, 가끔 그것을 간과하기도 한다. 따라서 치료사는 스스로 경계하여 그 사람의 고유한 품성을 먼저 파악하고 최대한 반영하여 살피도록 노력해야 한다.

일반적으로 평가란 치료사가 진단한 내용을 수량화와 통계 등을 거쳐 신뢰도와 타당성을 입증하는 것이다. 그런데 연극은 가상현실에서 벌어지는 인간의 행동을 중점으로 하는 만큼 수량화하기에는 여러 변수가 많이 작용할 뿐만 아니라 평가하는 사람의 주관적인 판단이 배제되기 어렵다는 단점이 있다. 이때 가장 중요한 것은 '관찰'이다.

앞서 말했듯이 건강함의 세 영역은 연극을 비롯한 예술치료에서 유의미하게 적용할 수 있는데, 예술 작업은 각 매체의 고유한 특성을 반영하여 정서적으로 접근하기 때문이다. 삶의 만족도로 행복감을 알아보거나 불안과 고통의 증상을 설명할 때, 여러 문항으로 된 문진표를 작성하는 것도 중요하지만 멜로디나 리듬, 그림이나 색채, 움직임 등의 예술 활동으로 표현하는 것 또한 섬세하고 솔직하게 자신을 드러내는 방법이 된다. 연극치료의 경우에는 주로 참여자의 신체적 반응과 행동, 역할에 따른 움직임과 대사 등 다양한 표현 방식이 있다.

연극치료사가 작업에서 관찰해야 하는 요소들은 주로 역할 연기에서 파생한다. 즉, 참여자가 역할을 맡아 극 활동을 할 때 어떤 신체적 반응과 행동을 하는지, 그 안에 담긴 정서는 무엇이며 어떻게 표현되는지, 특히 즉흥 상황에서 이야기 전개는 어떻게 흘러가고 그때 대사와 행동은 어떤지 등을 관찰해야 한다는 것이다. 다시 말해 연극치료사는 참여자가 온몸으로 드러내는 모든 것을 하나하나 잘 볼 줄 알아야 한다.

**잘 본다는 것은**
잘 보는 자세를 취한 치료사들

# 2 잘 놀 줄 아는 연극치료사

망가진 장난감
가장 소중한 보물

누군가 자기를 보면서 평가하고 분석한다는 것을 알아차리는 순간 우리는 불편해진다. 그 관계는 참 만남으로 이어지기는커녕 한없이 경계의 날을 세우게 하고 멀어질 뿐이다. 참여자가 치료사에게 이런 느낌을 받는다면 수직 관계가 형성되어 상호교감으로 나아갈 수 없게 된다. 이를 피하기 위한 최상의 방법은 잘 노는 것이다. 치료사는 잘 놀 줄 알아야 한다. 〈오징어 게임〉에서도 보았듯이 놀이는 우리를 깐부, 진정한 친구가 되게 하니까 말이다.

데이비드 리드 존슨은 여기에서 더 나아가 치료사란 모름지기 'broken toy', 즉 망가진 장난감이 되어야 한다고 말한다. 흔히 치료사는 도우미나 안내자 역할을 하는 것으로 생각하는데, '망가진 장난감' 같은 존재라는 것은 전혀 다른 의미를 지닌다. 장난감이 놀이 도구라는 사실은 누구나 다 안다. 그래서 어느 공간이든지 장난감이 있으면 자연스럽게 놀이를 연상하고 긴장이 풀어지면서 그것을 만지작거리게 된다. 존슨에게 치료사란 이처럼 누구든지 쉽게 다가갈 수 있는 존재인 것이다. 하물며 '망가진' 장난감이라니, 그것을 고치든 아니면 더 망가뜨리든 상관없이 마음껏 가지고 놀면서 '완전한 내 것'처럼 생각하라는 것이 아니겠는가?

하지만 장난감을 마음대로 갖고 논다고 해서, 윤리적 범주를 벗어나는 행동까지 용납되는 것은 결코 아니다. 그 누구도 다른 사람을 함부로 다루어서는 안 된다. 이는 치료를 시작할 때 상호간에 지켜야 할 주요 규칙 가운데 하나로, '치료 공간에서 그 누구에게도 신체적 상해를 가해서는 안 된다.'라는 항목에 해당한다.

망가진 장난감은 비유적 표현이다. 그것은 치료사와 참여자간에 남다른 신뢰가 쌓여야 한다는 의미이기도 하다. 장난감이 망가지기까지는 갖자마자 부러뜨리지 않는 이상 대개 적지 않은 시간이 걸린다. 그동안 주인은 장난감을 애지중지하면서 갖고 논다. 그러면 장난감이 아무리 험한 몰골로 망가진다고 해도 그것은 함부로 버릴 수 없는 소중한 보물로 남는다. 마찬가지로 치료사와 참여자는 서로 만나면서 긴밀한 유대관계를 가지게 된다. 이때 참여자가 치료사를 장난감처럼 대한다는 것은 일반적으로 생각하는 관계가 역전된 것이기도 하다. 즉, 참여자가 주인, 치료사가 장난감이라는 말인데, 이는 그만큼 참여자가 작업하면서 능동적으로 주도한다는 뜻이다. 이 사실을 참여자가 알아차리게 되면, 그는 몸과 마음을 활짝 열고 치료사를 맞아들인다. 이로써 참 만남은 비로소 시작된다.

치료사와 잘 노는 참여자

이 책의 삽화를 그린 김시윤 군은 어렸을 때 자폐성 장애 진단을 받고 연극치료를 시작하였다. 처음에는 치료에 대한 거부가 심했지만, 자신과 잘 놀아 준 첫 치료사와 애착 관계가 형성된 이후부터 연극치료 공간에 오는 것을 좋아하게 되었다. 시윤 군은 비전대학교 문화예술학과에 재학 중이며, 이번에도 함께 그림을 그리면서 저자와 즐겁게 놀았다.

제4장

# 놀이 중심 연극치료의 흐름

연극치료의 흐름은 전체적인 연극치료 작업을 어떻게 계획할 것인지 포괄적인 내용을 정하는 것과 관련된다. 이것은 진단과 평가 못지않게 연극치료의 과학적 측면을 다루어야 하는 영역이다. 왜냐하면 치료사는 이 과정을 통해 자신이 진행하는 작업이 어떻게 치료에 효과적인 결과를 도출하는지 입증하기 때문이다. 이는 '경험의 구조화'라고 할 수 있다.

미국의 연극치료사 르네 에무나(Renée Emunah)는 이에 관해 '5단계 통합모델'을 제시하는데, 연극치료 작업 전체를 아우르는 틀로 손색이 없다. 또한 데이비드 리드 존슨의 '발달변형모델'은 작업의 흐름을 단계별 놀이로 설명한다. 따라서 이 두 모델에 대해 살펴보는 것은 연극치료 작업을 놀이 중심으로 이해하기에 매우 도움이 된다.

5단계 통합모델에서는 극 행위로 이루어지는 작업에서 놀이가 어떻게 가능한지 살펴볼 것이다. 그리고 발달변형모델에서는 연극치료 작업을 어떻게 그리고 왜 전적으로 놀이로 보는지 설명할 것이다.

# 1 5단계 통합모델

르네 에무나는 자신의 저서 『진짜 연기(Acting for Real)』에서 "치료 과정의 시작은 해방감이며, 참여자들이 일상생활의 억압과 상습적인 패턴으로부터 자유로움을 경험할 수 있도록 한다."라고 말한다(Emunah, 1994: 6). 일상으로부터의 탈출, 그로 인한 자유로움과 해방의 경험, 이것은 놀이와 예술의 공통되는 특성인 동시에 예술치료가 작업 내내 지향해야 하는 분위기이기도 하다.

에무나에 따르면 자유로움과 해방감은 '허구의 현실'에서 기인하는데, 허구의 영역은 방어 영역이며 동시에 안전하고 거리를 두는 방법으로 자기 표출을 가능하게 한다는 것이다. 이때 방어 영역이라는 것은 기본적으로 보호받는 틀 안에 있다는 것으로, 현실이 아닌 가상의 세계이기에 무엇을 해도 다 허용된다는 의미이기도 하다. 또한 에무나는 5단계 통합모델이 감정적이고 상호관계적인 것에 기반을 둔다는 것을 강조하는데, 각 단계는 다음과 같다.

- 1단계 – 극 놀이
- 2단계 – 장면작업
- 3단계 – 역할 놀이
- 4단계 – 최절정 연기
- 5단계 – 극 의식

먼저 '놀이'라고 명명한 1단계 '극 놀이'와 3단계 '역할 놀이'를 보자. 이는 얼핏 보기에는 유사하지만 매우 다른 내용을 담고 있으며, 분류의 핵심 근거는 역할에 있다. '극 놀이'는 '역할'을 제외한 '연극' 관련 놀이인 반면, '역할 놀이'는 오롯이 역할로만 논다는 것이다.

'극 놀이'는 일종의 웜-업 단계로, 치료사는 참여자들의 자발성을 끌어내고 관계와 상호작용을 촉진하는데, 어디까지나 연극적인 방식으로 이루어진다. 다시 말해, 단순한 신체 움직임이 아니라 변형 또는 변신, 상상이 포함되어 있다는 것이다. 여기에 해당하는 놀이는 '무궁화꽃이 피었습니다' '고양이와 쥐' '마피아 게임' 등 무수히 많다. 이때 행동은 단순하고 시선을 끌 만한 것으로 진행하며, 이기고 지는 내용이 아니라 참여자의 연령대에 따라 적절한 것이어야 한다. 중요한 것은 이 단계에서 긍정적인 신뢰 관계가 형성되도록 한다는 것이다.

다음은 '장면작업'인데, 그 과정이 '극 놀이'와 '역할 놀이' 사이에 있다는 사실에 유념할 필요가 있다. 에무나는 '장면작업'에 대해 참여자들이 그들의 실제 삶과 무관한 역할로 극 활동을 하는 단계라고 설명하는데, 이때 치료사는 참여자로 하여금 극 안에서 자기표현과 역할 확장을 할 수 있도록 도와야 한다. 이는 두 가지 중요한 점을 시사한다. 첫째, '장면작업'의 목적은 에무나가 강조하였듯이 참여자가 자유로움과 해방감을 느끼는 것이다. 이 단계의 연극은 참여자에게 안전장치로 작동하고 자기를 표출하는 도구로 기능한다. 예를 들어, 작업 초반부에 홍부 놀부나 콩쥐

극 놀이

늑대 우리 놀이

장면 작업

꽃신을 신어 보는 콩쥐와 화가 난 팥쥐

팥쥐와 같이 누구나 다 아는 이야기로 극 활동을 하는 것이 여기에 해당한다. 참여자들은 자발적으로 흥부 또는 놀부, 콩쥐나 팥쥐가 되어 스스럼없이 역할 연기를 하면서 즐겁게 논다. 그것이 즐거운 까닭은 앞서 말한 것처럼 누구나 다 아는 이야기가 '안전장치'가 되어 역할로 '자신을 표출'하기 때문이다. 이처럼 노는 도구가 역할이었다는 것이 둘째로 중요한 점이다. 그럼으로써 참여자들은 이 단계 후반부에서 자신을 돌아보는 계기를 경험할 수 있는 발판을 마련한다.

세 번째 단계인 '역할 놀이'는 본격적으로 현실의 나를 탐험하는 과정이다. 즉, 상상의 극화에서 사실적 극화로의 이동이다. 따라서 '삶의 리허설'에 해당하는 작업이 이루어진다. 앞선 '장면작업'이 상상의 극화라면 이 단계에서는 실제 상황인 대인관계 문제를 점검하는데, 참여자는 주인공 역할뿐만 아니라 상대 역할도 수행하면서 관계에 대해 이해하게 된다.

4단계인 '최절정 연기'는 자기성찰을 깊이 있게 다루는 시점으로, 구체적인 현재 문제에서 더 핵심적인 삶의 문제로 이동한다. 치료사는 이때 주로 사이코드라마를 사용하는데, 이는 집단일 경우 전체의 신뢰가 형성되었을 때 가능하다. 참여자는 마음 깊은 곳에 있는 감정을 드러내고 표현하면서 강력한 카타르시스를 경험하기도 한다. 에무나는 이 단계의 내용을 발전시켜서 '자기 드러내기 공연(self-revelatory performance)'을 만들어 관객들과 만난다.

'극 의식'은 마지막 종결 과정에 해당한다. 치료사는 참여자로

최절정 연기

주로 사이코드라마 형식으로 진행된다. 주인공, 보조 자아, 상대 역할, 연출 등이 있다.

극 의식

그동안 경험한 연극치료의 모든 활동과 만남을 기념한다.

하여금 그동안의 극세계에서 현실로 잘 돌아가도록 한다. 전체 과정을 돌아보고 정리하며 헤어지는 준비를 하는 가운데 서로 인정하고 존중받도록 한다.

치료사가 단계마다 의도하는 외적, 내적 목표는 다음과 같다.

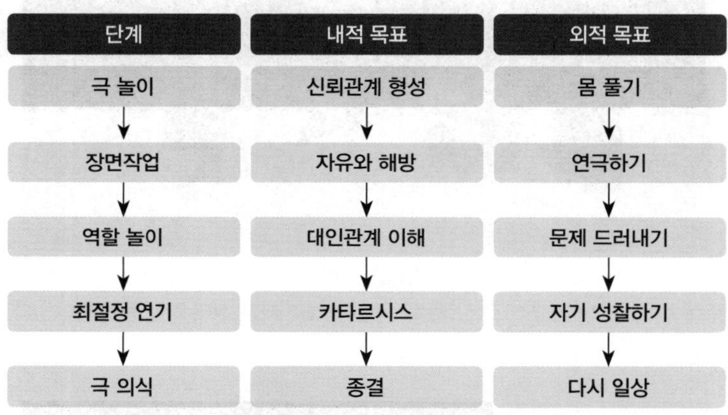


지금까지 본 바에 의하면 5단계 통합모델의 연극치료 작업 구조는 연극의 플롯과 매우 유사하다. 그 과정은 아리스토텔레스가 말한 대로 처음과 중간, 그리고 끝의 구조로 이루어져 있으며, 또한 구스타프 프라이타크(Gustav Freytag)가 말한 5단계의 플롯과도 동일하다. 즉, 처음 시작은 도입부의 기능을 담당하며 이후 상승과 하강의 흐름으로 진행되고 마무리 단계에서는 해결 국면으로 접어든다는 것이다.

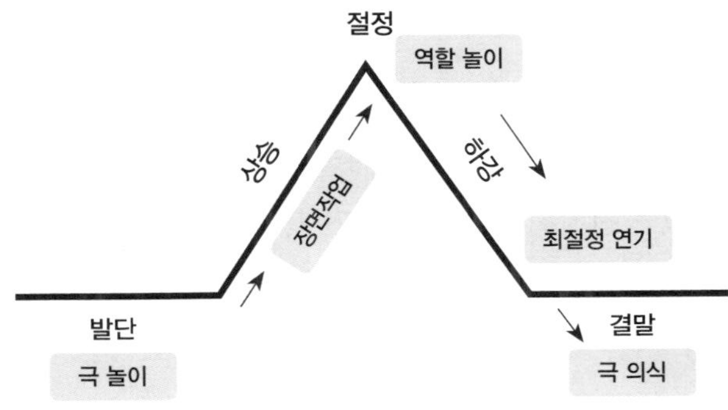


[그림 4-1] 플롯과 5단계 통합모델의 흐름

에무나가 '장면작업'을 '극 놀이'와 '역할 놀이' 사이에 진행하는 이유는 그만큼 역할 놀이의 중요성을 강조하기 위함이다. 이를 플롯에 대입해 보면 '역할 놀이'는 상승에서 하강으로 흐름이 바뀌는 지점에 놓인다. 다시 말해, 1단계와 2단계를 거치면서 신뢰 관계를 형성하고 자신과 타인에 대해 솔직할 수 있게 된 다음, 역할 경험을 할 때 비로소 변화의 계기와 마주할 수 있게 된다는 것이다. 이 지점에서 또다시 '놀이'라는 단어를 사용한 것은 앞 단계에서 충분히 거리를 두고 자신을 돌아볼 수 있는 여유와 자유로움을 누렸기 때문이다.

연극치료는 이처럼 연극이 실제가 아닌 허구의 세상 경험이라는 특성을 십분 활용한다. 극적 현실은 에무나가 말한 것과 같이 두 부류, 즉 완전 허구의 세계, 그리고 참여자의 현실과 유사한 세계로 나뉜다. 전자는 동화나 전설, 신화 등의 이야기가 주로 쓰이고, 후자는 4단계 '최절정 연기'에서 주로 다루는 실제 장면들이다. 만약 그것이 정말 현실이라면 우리는 지나치게 많은 환경적 제약과 윤리에 얽매여서 아무것도 할 수 없는 상황에 놓이는 경우가 허다하다. 하지만 극적 현실, 즉 평소 소망하던 인물이 되어 상상한 대로 마음껏 꿈을 펼치는 세상에서 우리는 무엇이든지 할 수 있는 전지전능한 존재가 된다.

연극치료 작업에서 참여자는 일상에서 가상현실의 치료 공간으로 이동한다. 그런 다음 그 안에서 역할을 입고 벗으면서 마음껏 변신한다. 그것은 때로는 환상 속 인물이기도 하고 때로는 실제 현실의 자신이기도 하다. 이때 순서는 바뀌어도 상관없다. 그 과정에서 그는 자신의 근원이라고 할 수 있는 원형과 만나기도 한다. 이를 통해 다시 현실에서 잘 살아갈 힘을 얻은 그는 일상으로 돌아온다. 이러한 경험의 구조를 공간으로 보면 다음과 같다.

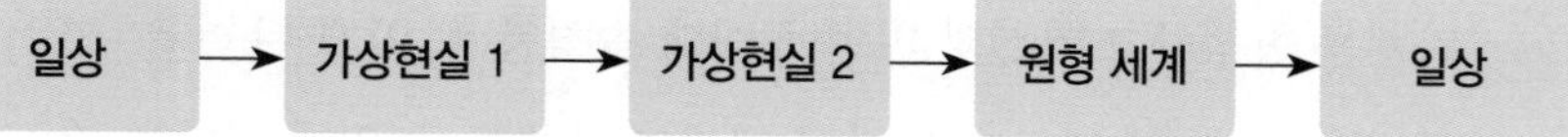


마찬가지로 5단계 통합모델은 밖에서 안으로 동심원을 그리며 들어갔다가 도로 나오는 과정으로 이루어진다. 동심원 가장자리에는 현실 세계가 있고 그 첫 문턱을 넘으면 가상현실, 즉 극적인 세계가 펼쳐진다. 그 안에서 누가, 어떻게, 왜 존재하는지 살펴보다 보면 또 한 발짝 안으로 들어간다. 그곳은 우리 내면의 깊숙한 심연 세계로, 자신의 근원과 만나는 계기가 되기도 한다. 이 과정을 거치면서 과거와 현재, 미래가 꿰어지고 통합되는 경험을 하는 것, 이것이 에무나가 제시하는 5단계 통합모델 연극치료의 전체 흐름이다.

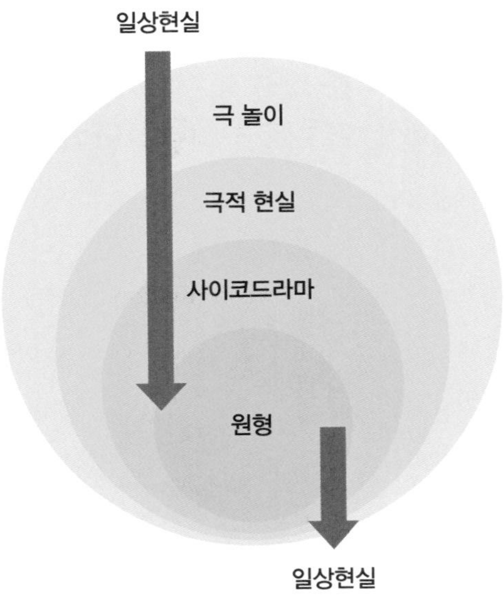


[그림 4-2] 5단계 통합모델의 흐름

## 2 발달변형모델: 불안정한 삶의 회복을 위한 4단계 놀이

발달변형(Developmental Transformations: DvT)은 발달과 관련된 혹은 발달상의 변형이라는 말이다. 이는 놀이공간에서 구현된 만남의 지속적인 변형을 수반하는 과정을 의미하는데, 사실 발달변형이라는 말은 자칫 오해의 소지가 있기는 하다. 변형이 발달한다는 것인지 아니면 발달이 변형한다는 것인지 정확한 뜻을 알아차리기가 애매한 부분이 있다. 좀 더 쉽게 풀어 본다면, 그것은 치료사와 참여자가 만나 움직임을 계속 발전시켜 가면서 변화를 이끌어 내는 것을 뜻한다. 따라서 변형이 발달한다는 것이 더 적합하다고 생각된다. 하지만 발달이 변형하건 변형이 발달하건 간에, 핵심은 정지하거나 고착되지 않고 끊임없이 다른 형태로 변형하면서 움직여야 한다는 것이다.

친구랑 놀 때 우리는 논다는 것에 싫증 낼 틈도 없이 지치지 않고 끊임없이 새로운 것을 찾아 즐겁게 시간을 보낸다. 그러는 가운데 함께 성장해 가는 것, 발달변형은 바로 이것을 의미한다. 즉, 자유롭게 움직이면서 차츰 변신하고 그 과정에서 스스로 자신의 문제와 만나 이를 변화시키고 회복하는 것으로 발전하는 것이다.

이 방식은 연극치료의 이상적인 형태에 가장 부합하는 것이라고 할 수 있다. 무엇보다 행동을 중심으로 한다는 점에서 그러한데, 이는 연극이 '행동의 모방'이며 그 주체가 다름 아닌 우리의 '몸' 자체라는 의미다. 따라서 무대 위에서의 존재감은 말할 것도 없거니와 그에 따른 움직임은 필수 조건이 된다. 게다가 이상적인 치료 환경은 참여자의 의지가 전적으로 발현되는 것으로서, 발달변형의 작업 방식은 바로 이와 같은 요건을 갖추었을 때 진행하는 것을 원칙으로 한다. 이처럼 참여자가 극 활동 안에서 직접 몸으로 경험하고 느끼면서 점차 자유롭게 움직이는 가운데 이런저런 문제점과 갈등의 원인을 치료사의 도움으로 스스로 알아차리고 회복하는 것인 만큼, 연극의 본질과 특성을 가장 잘 적용하는 방식이라고 할 수 있다.

연극치료에서 발달변형모델의 전문가가 되기 위해 치료사가 숙련해야 하는 과정은 고도의 난이도를 요구한다. 치료사는 잘 놀 줄 알아야 할 뿐만 아니라, 자유롭게 움직이고 수시로 변신할 수 있어야 한다. 또한 참여자에 대해 재빨리 파악하고 이해함으로써 적절한 순간에 개입하여 변화를 유도할 수 있어야 한다. 이는 종합하면 결국 능수능란한 놀이의 대가가 되어야 한다는 것이다. 그런데 이처럼 움직임과 놀이로 진행하는 작업은 다른 방식에 비해 신체 접촉에 특별히 유의할 필요가 있다. 따라서 만일의 사태를 대비해서 치료사의 자세와 윤리적 책임에 대해서도 잘 알아야 한다.

### 1) 존재의 불안정함

존슨은 자신의 연극치료모델을 정립하는 데 영향을 받은 이론으로 피아제 등의 발달심리학을 비롯하여 연극과 철학, 정신분석 등 여러 분야를 두루 섭렵하였음을 밝힌다. 이 중에서 가장 흥미로운 것은 그가 핵심 이론의 근거로 동양의 불교 교리를 언급한다는 사실이다.

그는 불교의 삼법인, 즉 제행무상, 제법무아, 열반적정에서 이론의 근거를 찾는다.

첫째, 제행무상(諸行無常)은 이 세상의 모든 것이 고정된 것이 아니라 끊임없이 생멸, 변화한다는 것이다. 이는 눈에 보이는 모든 현상이 그러하다는 것으로, 모든 존재는 본질적으로 불안정하다는 의미로 이해할 수 있다. 존슨이 말한 발달변형이라는 개념 역시 이와 상통한다.

둘째, 제법무아(諸法無我)는 모든 것에는 고정된 실체가 없다는 것을 말한다. '제법'은 '제행'과 마찬가지로 현상으로서의 일체법을 뜻하는데, 여기에 아(我)가 없다는 것이다. 이때 '아'는 영원불멸의 존재인 실체 또는 본체를 뜻한다. '무아'란 실체와 본체가 경험으로 인식할 수 있는 것이 아니기 때문에, 그것이 존재하는지 아닌지 문제 삼지 말라는 것이다. 따라서 자아에 집착하는 것은 고통을 낳는다고 여긴다.

마지막으로, 열반적정(涅槃寂靜)은 해탈로 고통과 번뇌가 사라지고 순수하고 청정한 마음을 갖게 되는 경지를 뜻한다. 열반은

'불어 끄는 것' 또는 '불어서 꺼져 있는 상태'라는 뜻으로, 번뇌의 불을 불어서 끄는 것이다. 이것은 곧 불교의 이상(理想)이다. 존슨은 이와 같은 삼법인의 교리를 통해 공허함, 놓아 주기, 격동, 형식의 불안정함에 중점을 두고 발달변형 연극치료를 설명한다.

발달변형의 핵심 명제는 '존재는 불안정하다는 것'이다. 모든 것은 움직인다. 우리가 꾸민 삶은 안정적이라는 일시적 착각을 일으키지만 결국에는 사라지게 된다. 즉, '제행무상'이며 '제법무아'다. 이처럼 '움직임'과 '사라짐'이 결합하면 삶이 두려워지는 것은 지극히 당연한 현상이다. 움직임은 멈추지 않는다. 사라지는 것 또한 막지 못한다. 어차피 피할 수 없는 운명이라면 그것을 받아들이는 것 외에는 도리가 없다.

이 모든 것이 우리가 살면서 겪어야 하는 엄연한 현실이라는

바람이 부는 대로, 물이 흘러가는 대로,
자연의 섭리에 따라 현재에 충실하기

것을 알게 되면 그것은 더 이상 두려움의 대상이 아니다. 다시 말해, 구태여 멈추려고 애쓰지도, 사라지지 않으려고 발버둥 치지도 않는다는 것이다. 그저 있는 그대로 받아들이고 함께 움직임을 즐길 수 있게 된다. 발달변형 연극치료사는 동요를 진정시키려고 하지 않는다. 대신 동요에 대한 두려움을 감소시키고자 한다. 이처럼 존재의 불안정함을 인지하고 그것을 숙명처럼 받아들이게 되면 어느새 부질없는 집착은 사라지고 그 자체를 삶의 일부로 자연스럽게 여길 수 있다.

사실 우리는 이러한 존재의 불안정함을 신체를 통해 직접적으로 느끼기도 한다. 그럴 때면 우리는 '지금 내 몸과 마음이 분리되어 따로 논다.'라든가 '머리로는 다 알겠는데 몸이 따라 주지 않는다.'라는 식으로 불안정하다는 것을 에둘러 표현한다. 이에 대해 존슨은 의식적으로 활동하는 신체 그리고 실체로서의 육체적 신체 이 둘이 하나의 몸 안에서 상충하여 내재하기 때문이라고 말한다.

의식적인 면과 물질적인 면이 서로 충돌하는 신체로 인해 불안감이 증폭되는 것은 당연한 현상이며, 이러한 불안정성은 특히 타인과 근접할 때 잘 나타난다. 그러므로 치료사와 참여자의 만남은 이를 재현하고 실험할 수 있는 좋은 장이다. 발달변형모델이 만남을 바탕으로 한다는 것은 이런 의미인 것이다.

발달변형 연극치료의 일반 이론은, 삶은 불안정하고 이 불안정성에 대한 우리의 두려움을 줄일 수 있다는 개념에 의존한다. 우리가 직면하는 세 가지 중요한 두려움은 변화와 비영속성에 대한 두려움, 신체로서의 존재에 대한 두려움, 타인에 대한 접근성에 관한 두려움으로 정리할 수 있다. 이것이 바로 발달변형 연극치료가 해결하고자 하는 두려움이다. 그리고 그 방식은 전적으로 우리의 몸과 놀이를 통해 이루어지는데, 핵심 역할은 즉흥이 담당한다.

연극에서 즉흥은 정신분석에서 말하는 '자유연상'과 유사하다. 자유연상은 심리 역동 이론을 바탕으로 한 기법으로, 프로이트에 의해 개발되었다. 그것은 환자가 마음에 떠오르는 모든 내용을 일절 검열 없이 표현하게 하는 것이다. 이것이 필요한 이유는 우리 모두 방어기제를 사용하여 무의식에 진실을 억압하여 숨겨 놓기 때문이다. 프로이트는 환자에게 자유롭게 연상하면서 떠올린 조각들을 퍼즐 맞추듯 연결하여 근원에 도달할 가능성을 열어 준 것이다.

자유연상이 말과 언어를 통한 방법이라면, 그것을 신체로 실행하는 것이 즉흥이다. 고착된 것으로부터 다른 무엇인가가 자연스럽게 발현되는 것은 쉽지 않다. 그것이 언어 습관이건 행동 패턴이건 한 번 정착된 것에 변화를 주기란 어렵다는 말이다. 그런데 움직임이 불안정하면 뭔가 삐거덕거린다고 느껴져서 스스로 다른 동작으로 바꿔 보려는 충동이 일어난다. 이에 대해 존슨은 불안정한 흔들림이 유출로 이어진다고 말한다.

그는 발달변형이라는 개념을 가장 단순한 상태에서 심오한 경지에까지 이르는 것으로 설명한다. 처음 출발은 불안정한 흔들림으로, 이것은 존재의 불안정함을 알아차리고 받아들이는 것이

다. 그러다가 거기에서 무엇인가 새로운 충동과 움직임이 파생되는데, 그것이 유출이다. 유출은 발달로 이어지며, 발달은 궁극적으로 원형과 만난다는 것이다. 발달의 종착점에서 원형과 만난다는 것은 치료사가 원하는 최상의 단계일 수 있지만 현실적으로 입증하기는 쉽지 않은 일이다. 거기까지가 아니더라도 불안정함이 유출로, 유출이 발달로 이어지기만 해도 충분히 성공적인 만큼, 치료사로서는 즉흥을 잘 사용하는 것이 중요하다.

즉흥은 또한 앞에서 살펴본 실러의 '놀이 충동'과 연결된다. 움직이고 싶은 충동 밑에는 실체를 알 수 없지만 무엇인가 구성하려는 욕구가 있다. 이처럼 형체를 만들고 싶어 하고 그것을 이해하고자 하는 것이 '살아 있는 형성력'이며, 그것이 바로 감각 충동과 형식 충동을 이어 주는 놀이 충동이다. 요컨대 발달변형 연극치료는 모든 점에서 놀이를 바탕으로 한다.

## 2) 놀이공간과 4단계 놀이

앞에서 발달변형 연극치료가 난이도가 높은 작업이며, 치료사가 받아야 하는 수련 역시 쉽지 않다는 것을 언급하였다. 그래서 인지 존슨은 이 작업의 시작에 앞서 치료사와 참여자 사이에 놀이로서의 성격에 대하여 충분히 합의할 필요가 있음을 강조한다.

제일 먼저 합의할 것은 '놀이공간'이라는 개념이다. 그것은 실제 놀이터나 놀이공원이라는 구체적인 장소를 말하는 것이 아니다. 놀이공간이란 참여자들 사이의 상호약속으로, 발달변형에서 전체 치료 활동을 담는 용기에 해당한다. 다시 말해, 발달변형 연극치료 작업은 모든 것이 놀이의 성격을 지닌다는 의미인 것이다. 여기에는 세 가지 필수적인 전제가 있다. 즉, 피해에 대한 규제, 어긋나는 대화, 상호합의에 대한 것인데, 어릴 때 친구들이랑 놀 때 당연히 지켜야 하는 약속과도 같다.

'피해에 대한 규제'란 누군가 상처를 입으면 중단한다는 것이다. '어긋나는 대화'는 논리의 결여를 뜻하며, 예를 들어, 놀이공간에서 치료사와 참여자들은 거짓말을 마음껏 해도 상관없다는 것이다. 거기에서 벌어지는 상황은 실제 세계와 놀이의 경계가 없는 극적 세계이기 때문이다. 하지만 독단적이어서는 안 되며, '상호합의', 즉 참여자들이 상호 이해하는 공동주관적인 경험으로 이루어져야 한다.

놀이공간에서의 놀이는 앞서 말했듯이 자유 즉흥극이다. 치료사는 참여자에게 순간적으로 느끼는 사고와 감정을 바탕으로 극 동작, 소리, 이미지, 장면을 자유롭게 연기하라고 한다. 그러면 사고와 감정이 변함에 따라 장면과 인물, 행동도 달라진다. 이 과정은 조용히 앉아서 명상하는 것이 아니라 극 활동, 즉 구체적이고 상호 반응하는 극 형식으로 이루어진다.

주지하듯이 연극으로 할 수 없는 것은 아무것도 없다. 그 안에는 무한한 자유가 주어지는 것이다. 사람인 내가 수많은 인물로 변신할 수 있을 뿐만 아니라, 한 그루 나무나 까치, 돌고래도 될 수 있다. 심지어 보이지 않는 바람이 되어서 무대를 떠돌 수도 있다. 때로는 돌덩이로 꼼짝하지 않고 있는가 하면, 누군가의 길이 되어 행복으로 인도하기도 한다. 정말이지 연극을 한다는 것은 놀이 그 자체로서, 일상에서 벗어난 자유와 행복을 마음껏 누리는 일이다.

연극치료는 이러한 연극의 특성을 고스란히 살려서 치료에 적용하는데, 그것은 결코 연기 훈련이 아니다. 배우가 무대에 서기 위해 캐스팅되고 특정 역할을 맡아 연습하는 것은 예술 행위이기는 하지만, 스스로 선택한 직업이라는 면에서 어디까지나 일로 보는 것이 타당하다. 하지만 연극치료에서는 오로지 놀이다. 존슨의 발달변형모델은 이 점을 특화한 것이다. 그는 놀이를 표면 놀이, 페르소나 놀이, 친밀한 놀이, 심화 놀이의 4단계로 분류한다.

'표면 놀이'는 치료사가 참여자와 놀기 시작하는 초기 단계로, 모두 다 아이처럼 마음껏 뛰놀 수 있는 준비를 한다. 이 놀이는 특히 성인 참여자들에게는 일종의 퇴행과도 같아서, 그들은 처음에는 어색해하다가도 곧 천진난만한 어린 시절로 돌아간 듯한 기분도 맛보면서 마냥 즐겁고 설렌다. 존슨은 이 단계에서 여러 존재의 가능성을 연기하는 것이 역할 레퍼토리와 자발성을 증가시키는 가장 좋은 방법이라고 설명한다.

**표면 놀이**

모두 신나게 논다. 그러다가 치료사가 개입할 필요가 있다고 생각하면 방석에 앉아 잠시 정지시키고 이야기를 나눈다.

그런데 이렇게 되기까지는 적지 않은 시간과 만남이 필요하다. 따라서 치료사는 꽤 긴 회기에 걸쳐 표면 놀이를 진행한다. 참여자들은 이 단계에서 그동안 스스로 만든 방어기제 행동을 가장 많이 보여 주며, 이때 치료사는 사회적 인습과 마음속에 처음으로 떠오르는 문제를 주로 다루는 것이 좋다. 왜냐하면 그것이 원인이 되어 우리의 몸짓과 태도가 습관처럼 굳어진 면이 있기 때문이다. 치료사의 적절한 개입은 참여자에게 순간적으로 자신의 문제를 인식하게 하고 변신의 계기를 제공한다.

이러한 방식은 폴란드의 연출가 예지 그로토프스키(Jerzy Grotowski)가 배우를 훈련하는 방법으로 제시한 '부정법(via negativa)'과 유사하다. 그의 배우 훈련 방식은 엄격하고 혹독한 것으로 알려져 있다. 그는 관객의 수준을 높이 평가하며, 따라서 배우는 그만큼 관객에게 자신을 희생하여 보여 줄 수 있는 '성스러운 배우'가 되어야 한다고 강조한다. 이러한 훈련을 받은 배우의 몸놀림은 예사롭지 않은 정도를 넘어서 마치 본능에 따라 움직이는 야생의 동물과도 같다. 관객은 그러한 배우의 움직임을 보면서 문화나 관습이 일절 스며들지 않은 인간 본연의 모습을 마주하게 된다.

부정법 혹은 부정의 길은 배우의 움직임에서 저항과 장애물을 제거하는 방식을 뜻한다. 즉, 배우의 몸에서 충동이 생생하게 일어나야 하므로, 그 충동이 행동으로 발현되는 것을 막는 모든 장애를 없애야 한다는 것이다. 그러면 내적 충동과 외적 반응 사이에 시간차가 없어지고 충동과 행동이 동시에 일어나서, 관객은 배우에게서 일련의 충동만을 보게 된다.

그로토프스키 연극의 배우 리스자드 시에슬락(Ryszard Cieślak)

물론 연극치료 참여자에게 이러한 엄격함을 적용하는 것은 결코 아니다. 다만 움직임에서 머뭇거리는 순간, 즉 장애가 발생했을 때 그것을 의식하고 제거하여 다시 자연스럽게 움직일 수 있도록 해야 한다는 것이다. 자유연상 기법이 인지 작업으로 무의식의 심연에 다가가는 방식이라면, 부정법을 활용한 즉흥은 몸으로 자신의 근원과 만나는 과정이다.

두 번째 단계인 '페르소나 놀이'를 진행할 때는 참여자가 치료사와 신뢰도 많이 쌓이고 함께 움직이며 노는 것에 익숙해져서 신체적으로도 충분히 이완되어 있다. 여기에서는 성격, 삶과 역사의 이미지, 인물, 이야기 등으로 시작하면서 참여자의 개인적인 문제를 탐구한다. 즉, 부모, 아이, 친구, 연인, 자기 자신 등 실제건 환상이건 구별하지 않고 장면을 다채롭게 변형시키면서 반복한다. 이는 앞서 본 르네 에무나의 5단계 통합모델 가운데 두 번째 '장면작업'과 세 번째 '역할 놀이'에 해당한다. 차이라면 존슨의 '페르소나 놀이'는 에무나의 '장면작업'과 '역할 놀이'를 뒤섞어 놓은 것이라는 점이다. 예를 들어, 치료사와 참여자가 심청 이야기에서 각각 심 봉사와 심청이 되어 페르소나 놀이를 하다가 갑자기 역할이 아닌 본래 자신으로 돌아와 실제로 있었던 장면을 재연하는 식이다.

참여자는 자신뿐만 아니라 자신에게 중요한 사람들과 관련한 모든 가능한 행동을 표현한다. 이른바 '역지사지(易地思之)'를 몸으로 직접 해 보는 것이다. 여기에는 전혀 생각지도 않던 새로운 행동뿐만 아니라 몇 년간 은밀하게 간직하던 행동도 포함된다. 이를 통해 참여자는 자신을 이해하고 다른 사람과의 관계에서 유연성을 획득할 수 있다.

세 번째 '친밀한 놀이' 단계에서 놀이는 이제 다른 사람이 아니라 오롯이 치료사와 참여자 간의 관계에 관한 것이 된다. 즉, 참여자의 사고와 감정이 극 행동을 자극하기 시작하고, 어떤 상황이든 재현할 수 있을 정도로 관계의 친밀 정도가 깊어진 것이다. 처음에는 그들 사이에 일어날 수 있는 일이나 과거의 사건으로 구성되지만, 점차 현재 벌어지고 있는 상황에 관한 놀이가 된다.

이 단계까지 오면 치료사와 참여자 두 사람 간에는 모르는 것이 없을 정도로 말 그대로 '친밀'해져서 서로의 존재를 심각하게 받아들인다. 다시 말해, 그만큼 서로에게 미치는 영향력이 커졌다는 의미이며, 그로 인해 오히려 이전보다 더 많은 모호함과 수수께끼가 발생하기도 한다. 좀 더 과장되게 말하면 누가 치료사이고 누가 참여자인지 모를 정도로 주거니 받거니 하면서 작업을 이끌어 간다는 것이다. 이 놀이는 향후 참여자가 누군가를 만

**페르소나 놀이**

가상의 역할 놀이를 하면서 동시에 실제 자신을 돌아본다.

**친밀한 놀이**

치료사와 참여자가 가상의 역할이 아닌 자기 자신으로 만난다.

날 때 타인에 대한 두려움을 낮추는 데 상당한 도움이 될 수 있다. 그는 더 이상 존재의 불안정함에 시달리며 두려워하지 않게 되었기 때문이다.

트라우마 전문의학자 베셀 반 데어 콜크(Bessel van der Kolk)는 트라우마 치료에 연극 활동이 매우 도움이 된다고 말하면서 그 근거를 관계 회복에 둔다.

> 인간은 서로를 파괴하는 능력만큼 서로를 치유하는 능력도 지니고 있다. 대인관계와 공동체 관계의 회복은 다시 행복을 찾는 데 핵심적인 역할을 한다(van der Kolk, 2017: 79).

존슨의 4단계 놀이는 바로 이것을 그대로 실천한다. 치료사는 '표면 놀이'로 시작하여 '페르소나 놀이'와 '친밀한 놀이'를 거치면서 작업의 목표를 어느 정도 달성한다.

마지막 단계인 '심화 놀이'에서는 참여자에게 자기 자신에 대해 보다 깊이 돌아보도록 한다. 이때에는 활발한 움직임 대신 조용한 몸놀림이나 중얼거림, 오랜 침묵, 단순한 신체 접촉 등이 이루어진다. 이제 놀이는 타인에 의해 속박되거나 억눌리는 감정으로 작업하는 기분을 완전히 벗어난다. 세상의 근심 걱정에서 벗어나 자신을 얽매는 모든 것을 순순히 놓고 마치 신선이라도 된 양 초탈한 삶을 즐기는 듯하다. 존슨은 마지막 단계의 놀이가 반드시 해야 하는 것은 아니라고 말한다. 그보다는 오히려 앞의 세 단계 놀이를 더 유용하게 활용하는 것을 권한다.

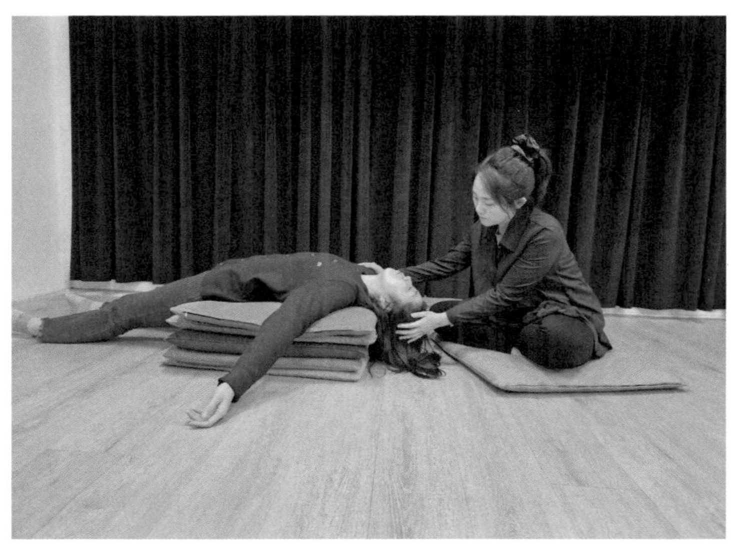

심화 놀이

치료사와 참여자는 말없이도 통할 만큼 신뢰가 형성되었으므로 놀면서 서로를 이해하고 현실을 초월하여 심오한 성찰을 나눈다.

'제발-안 돼'라는 놀이를 보자. 이것은 단순하고 재미있으면서도 발달변형 연극치료의 내용이 다 들어 있는 놀이로, 2인 1조로 진행한다. 두 사람은 오직 "제발"과 "안 돼."라는 말만 할 수 있다. 한 사람이 다른 사람에게 "제발"이라고 말하며 간청한다. 그 말을 들은 사람은 그를 뿌리치며 단호하게 "안 돼."라고 말한다. 한 사람은 매달리고 다른 사람은 피하면서 상황을 계속 이어 간다. 여기에서 간청하고 거절하는 내용은 상관없다. 그보다는 행동과 반응이 중요하다.

이것은 단순한 반복 행위가 아니다. "제발"과 "안 돼."를 계속하다 보면 어느새 몰입하여 감정이 묻어나고 다른 어떤 말을 덧붙이지 않고도 자연스럽게 변형된다. 어떨 때는 어린아이같이 매달려서 간절히 비는가 하면, 또 어떨 때는 분노에 가득 차서 울부짖기도 한다. 이처럼 여러 형태로 표현되다가 어느 순간 자신의

제발-안 돼

내밀한 욕구가 확 올라온다. 그러면 멈추고 그 장면을 탐색한다.

여기에서 더 나아가 놀이를 확장하면서 상황극을 만들 때 '지위' 개념을 도입하면 효과적이다. 캐나다의 연출가 키스 존스톤(Keith Johnstone)은 『즉흥연기』에서 배우 연기 훈련 방식으로 '지위 거래 놀이'를 제안한다. 그에 따르면 우리의 실생활에서는 지위 거래가 끊임없이 이루어지고 있다. 그런데 우리는 어떤 갈등이 생겼을 때가 아니면 대개는 지위의 거래를 보지 못하도록 되어 있다는 것이다(Johnstone, 2000: 59). 지위 체계는 우리 삶의 밑바닥에 깔려 있는 근본적인 구조라서 누구나 알게 모르게 이미 습득하고 있다. 따라서 이와 같이 근본적인 관계망을 연기 훈련으로 활용할 때 배우는 쉽게 본연의 행동으로 반응하고 알아차리는 여러 훈련을 거치면서 자유자재로 변신할 수 있는 반응과 움직임을 체득할 수 있다.

존스톤은 문을 열고 나가려던 사람이 문이 열리지 않아 애를 먹고 있는 상황을 예시로 든다. 아무리 문을 붙잡고 씨름을 한다해도 그 문은 꼼짝도 안 한다. 10초쯤 후에 문이 열렸지만 배우는 문이 잠겨 있을 때 자신의 지위가 급격히 떨어지는 것을 느낀다. 이 훈련은 어린 시절 이후로는 어쩌면 한 번도 경험해 보지 못한 감정을 되살려 준다. 무능함의 감정, 사물의 적대성에 대한 감정을 말이다(Johnstone, 2000: 88).

'제발-안 돼'도 이와 같다. 그것은 우리가 일상에서 수없이 겪는 갑과 을의 관계를 가장 단순한 형태로 반영하는 놀이다. '안 돼.'는 강한 거부의 표현이다. 그 말 앞에서 '제발' 내 청을 들어 달라고, '제발' 내 편이 되어 달라고, '제발' 나를 지지해 달라고 말하기란 정말 어렵다. 낙담하여 조용히 돌아서거나, 눈물을 흘리며 받아들이는 경우가 허다하다. 심지어 어떤 사람은 이것이 놀이인데도 '제발'이라는 말 한마디조차 못 하기도 한다. '제발'이라고 간청하는 사람은 자신이 얼마나 무력한지, 자신 앞에 놓인 벽이 얼마나 높고 단단한지 깨닫기도 전에 그 앞에서 한없는 절망을 경험한다. 이것은 어쩌면 우리 내면 깊숙한 곳에 숨겨진 비참함 내지 수치심의 경험일지도 모른다.

'제발'은 이처럼 평소 자신이 어떻게 행동하는지 순식간에 알아차리게 할 뿐만 아니라, 역할을 바꿔 '안 돼.'를 외칠 때는 그것을 전복할 힘을 재빨리 획득한다. 이 모든 경험은 놀이로 이루어지기 때문에 더욱 강력한 힘을 발휘한다. 발달변형은 이처럼 억눌린 나를 만나고 그때마다 멈추어 서서 다시 새롭게 변신하고, 수많은 반복을 거쳐 회복하여 자유로워지는 것을 경험하도록 한다. 여기에 존스톤이 주장하는 것처럼 지위 거래 놀이를 통해 수없이 달라지는 지위를 경험하면 더더욱 자유로울 수 있다. 발달변형 연극치료는 이러한 자유를 회복하는 것을 목표로 한다.

제1부에서 우리는 놀이를 일상과 상상, 예술의 세 범주로 나누어 보았다. 연극치료에서 놀이는 연극 행위인 만큼 예술 범주에 해당한다. 그렇다고 해서 일상 속 놀이나 상상 속 놀이와 전혀 무관한 것은 아니다. 연극 놀이는 우리가 일상에서 노는 것과 상상으로 노는 것 모두를 수단으로 활용한다.

발달변형 연극치료모델 역시 그러하다. 그것은 놀이를 그대로 실천하는 모범적인 작업이지만, 치료사와 참여자의 만남을 가장 중시하므로 관계적인 측면과 그 안에 담긴 의미에 중점을 둔다. 따라서 이 방식을 실제로 적용하여 심화 놀이까지 경험하려면 적지 않은 기간의 만남이 필요하다. 그러나 존슨도 말했듯이 표면 놀이만으로도 충분한 치료 효과를 기대할 수 있다. 그것은 무엇보다 몸의 자유로움을 이끌어 가면서 스스로 인식하도록 하기 때문이다. 발달변형모델을 위한 치료사의 역량 훈련은 분명 쉽지 않다. 게다가 실제 작업 기간에 따라 변수가 생기기 때문에, 특히 단기 작업에서는 치료사와 참여자가 그 정도로 마음껏 놀 수 있는 신뢰를 형성하기조차 어렵다. 그렇다고 하더라도 이보다 자유로운 놀이 경험은 없을 것이다.

존슨의 발달변형모델에서 4단계의 놀이는 치료사와 참여자가 어떻게 친해지는지 그 단계에 따라 표면 놀이, 페르소나 놀이, 친밀한 놀이, 심화 놀이로 구분한다. 이것이 관계적 측면으로 본 놀이라면, 연극치료 작업 속 놀이에 대해 숙고할 내용은 이 외에도 기법이나 매체 활용 등과 같이 다양한 양상으로 모색할 수 있다. 다음 장에서는 실제로 진행한 작업 사례에서 놀이의 형태에 따라 모방과 투사, 표현과 변신으로 구분하고, 이 네 가지 놀이가 어떻게 이루어졌는지 살펴볼 것이다.

제5장

# 연극치료 작업 속 네 가지 형태의 놀이

누누이 강조하였듯이 몸과 마음이 아파서 연극치료의 도움이 필요한 사람들은 잘 놀지 못한다. 여기에서 '잘'이란, 균형감각을 가리킨다고 봐야 할 것이다. 아픈 사람은 놀지 못하거나 혹은 과하게 논다. 과하다는 것은 마냥 놀기만 한다든지 한 편으로 치우쳐서 오직 그런 방식으로만 논다는 말이다. 놀지 못하는 사람 그리고 과하게 노는 사람 모두 우선 놀이를 본능으로 제대로 인식할 필요가 있다.

'본능'의 사전적 의미는 '어떤 생물체가 태어난 후에 경험이나 교육에 의하지 않고 선천적으로 가지고 있는 억누를 수 없는 감정이나 충동'이다. 따라서 놀이를 본능으로 인식한다는 것은 그것을 선천적으로 지니고 있음을 뜻하며, 이는 우리가 이 세상에 태어나기 전 엄마 뱃속에서부터 유유자적하게 논다는 사실에서도 알 수 있다. 이처럼 놀이는 선천적인 본능이기 때문에 우리는 또한 그것을 일종의 퇴행 현상으로 자연스럽게 받아들이게 된다. 그것도 기억조차 나지 않는 갓난아기 시절, 아직 엄마와 분리되기 이전으로 말이다.

그때는 나와 엄마뿐만 아니라 나를 둘러싼 모든 것이 나와 한 몸이다. 이보다 더한 전능감과 충족감은 없을 것이다. 바로 이것, 모든 것이 다 내 것이고 나를 위해 존재하는 그런 충족감이 우리가 놀이를 '본능으로서의 놀이'로 경험해야 하는 핵심이다. 이때 나는 전지전능한 신과도 같다. 내 손짓 하나로 산이 움직이고, 내 말 한마디로 온 천지가 꽃으로 뒤덮인다. 모든 것이 내 발밑에 있으며, 사방을 둘러봐도 부족한 것이라곤 하나도 없다.

이것이 개념적인 측면이라면, 이를 실제로 경험하는 방식은 카유아가 말한 '현기증'을 수반하는 놀이와 유사하다. 일차적으로 즐거움을 수반하는 몸 놀이가 여기에 해당한다. 이 놀이는 어른, 아이 할 것 없이 모두 열광하며 참여하는데, 가끔은 함성을 지르며 모두가 일심동체라도 된 것 같은 착각에 빠지기도 한다.

충족감은 또한 꿈을 통해서도 경험한다. 프로이트가 말했듯이 '꿈은 소망 충족'이다. 따라서 꿈속 주인공인 나는 현실에서 이루지 못한 것을 맘껏 누릴 수 있다. 연극치료 작업에서 진행하는 상상 놀이는 바로 그 대체물이다. 치료사는 참여자들을 편한 자세로 눕거나 앉도록 한 다음, 눈을 감아 시각은 차단하고 청각에 집중하도록 유도한다. 참여자들은 치료사가 안내하는 대로 상상 속에서 마음껏 변신하며 마치 실제인 것처럼 경험한다.

상상 놀이가 주는 충족감과 전능감은 현실과 상상의 경계조차 허물어 버린다. 즉, 현실은 당연히 내 것이고 상상도 진짜 같아서 구분되지 않는다는 말이다. 장자(莊子)의 말대로 꿈속 나비가 진짜 나인지, 아니면 꿈을 꾼 내가 진짜 나인지 모른다는 것인데, 이것은 우리가 경험하는 최상의 단계일 수 있다. 내가 무엇이 되든지 그 자체로 족하고 전능하다는 의미이기도 하기 때문이다.

그런데 그 찰나의 순간을 한 번 맛보면 유사한 경험을 자주 하게 되고 그로 인해 현실적 어려움이 닥쳐도 극복할 수 있는 힘이 조금씩 생겨난다. 프랑스의 상징주의 희곡작가 폴 클로델(Paul Claudel, 1868~1955년)이 말한 것처럼 마침내 '환각의 꽃이 현실의 열매를 맺는' 것이다. 이 말은 모든 예술치료의 핵심을 관통한다. 예술은 상상을 기반으로 펼치는 환각의 꽃이다. 예술치료 역시 상상의 힘을 빌려 아름다운 꽃을 마음껏 피운다. 그것은 진짜가 아님에도 내가 원하는 것을 이룬다는 만족감을 주고, 어느새 하찮기 짝이 없던 나 자신을 달리 보게 될 뿐만 아니라 믿고 사랑할 수 있게 된다. 이러한 경험이 반복 누적되면 현실에서 부닥치는 수많은 어려움도 조금씩 감당하며 살아갈 힘을 얻는다. 그것이 치료사와 참여자가 함께 이룬 현실의 열매다.

연극치료 작업에서 놀이는 모방, 투사, 표현 그리고 변신 이 네 형태로 구분할 수 있는데, 진행 순서는 참여자가 보여 주는 특성과 상황에 따라 달라진다. 또한 놀이가 단독의 형태로 진행되기도 하지만 대부분 섞여 있는 경우가 많다. 이제 각각의 놀이가 어떻게 참여자의 회복에 도움이 되는지 살펴보자. 여기 등장하는 참여자의 이름은 모두 가명임을 밝혀 둔다.

# 1 모방 놀이

## 1) 불안장애 성인: 투명인간이고 싶은 나

외부의 시선은 보이지 않는 폭력이다.

경수는 20대 대학생으로 연극치료를 받고 싶다고 직접 의뢰하였다. 이는 치료에 매우 좋은 환경이 되는데, 특히 참여자의 회복 의지가 강하게 수반될 때 더욱 그러하다. 첫 만남에서 어떻게 불안장애 진단을 받았느냐고 묻자, 경수는 입대 후 한 달간 훈련소 생활을 마치고 나서 본부대에 배치된 지 일주일 만에 발병하였다고 하였다. 이후 제대하여 일 년간 통원 치료를 받았고, 치료사와 만날 무렵에는 약 복용도 줄일 만큼 많이 회복된 상태였다.

상태가 좋아졌는데 왜 연극치료를 의뢰하였는지 물었더니 치료받는 동안 편입 시험에 합격하여 새롭게 학교생활에 적응해야 하기 때문이라고 하였다. 구체적으로 원하는 도움은 사람들과의 관계, 사회생활을 잘하는 것이라고 하면서, 누군가 만나는 것이 가장 불안하다고 하였다. 경수의 증상은 전반적인 '사회불안'에 해당한다.

사회불안은 보편적인 사회적 상황에서 느끼는 사회적 상호작용 불안과 발표 및 평가 상황에서의 관찰에 대한 불안을 일컫는 사회공포증으로 구분되기도 하는데, 구체적으로 사회적 상호작용 불안이란 대화를 나누거나 낯선 사람들과 만남에 대한 불안을 말하며, 관찰에 대한 불안이란 타인들 앞에서 발표하거나 음료를 마시는 등의 수행해야 하는 상황에 대한 불안을 말한다(하태순, 구훈정, 2017: 366).

이런 불안 상태에서도 경수는 열심히 공부하여 시험에 합격할 만큼 의지가 강한 면이 있었다. 또한 치료를 통해 이루고자 하는 목표가 분명하였으므로 우선 주 1회씩 10번 만나기로 정했다가 이후 연장하여 총 15회기를 진행하였다. 경수의 부모 또한 경수를 적극적으로 지지하며, 작업하는 동안 치료사와 충분한 소통을 하기로 하였다. 나는 작업의 원활한 진행과 도움을 위해 보조치료사와 함께하는 것을 제안하였고, 그들은 모두 동의하였다.

경수는 첫 만남에서 지나치게 경직되어 있었으며, 대화하는 동안 머뭇거리거나 한참 생각하고 나서 느리게 그러나 또박또박 대답하곤 하였다. 따라서 긴장을 풀기 위해 편한 호흡으로 시작하였다. 경수의 몸 전체가 경직되어 있고 좌식으로 앉기가 불편하다고 해서 편하게 누워서 머리부터 아래로 긴장을 푸는 작업을 했다. 좌우로 머리를 흔들면서 머리에 든 잡념들을 비우라고 했더니 아주 조금만 움직여서 5도, 10도, 15도 이런 식으로 조금씩 더 많이 움직이도록 했다. 다음으로 목의 긴장을 풀고, 양팔을 풀었다. 가슴에 손을 얹어 오늘 오면서 불편했던 것 하나만 떠올리라고 하고는 손을 아래로 반복하여 쓸어내리면서 그때 느낀 감정을 털어 버리라고 했는데 잘 되지 않는 것 같았다. 아래로 내려가 다리를 좀 더 활발하게 움직이면서 몸 전체의 경직과 긴장을 풀도록 했다.

다음으로, 눈을 감고 자신이 가장 편한 곳에 있다고 상상하라고 했다. 경수는 자기 방, 컴퓨터랑 책이 있는 책상에 앉아 있다고 하였다. 보조치료사가 자신은 방 침대에 고양이랑 같이 있다고 했더니 경수는 개를 키운다고 하였다. 강아지와 노는 장면을 연극으로 해 보자고 제안하고는, 먼저 보조치료사가 강아지 역할을 맡았다.

강아지 역의 보조치료사가 주변을 돌면서 다가가자 경수는 움찔대고는 아무 반응도 안 했지만 즐거운 듯이 웃더니 주머니에서 뭔가를 꺼내 던졌다. 보조치료사가 그것을 물고 가져다주자

강아지 역할의 치료사를 마주하지 못하는 참여자

계속 반복해서 던졌다. 이제 역할을 바꾸어 경수가 강아지가 되고 보조치료사는 누가 되면 좋겠냐고 묻자 즉각 엄마라고 답하였다. 하지만 엄마가 된 보조치료사가 의도적으로 강아지에게 반응하지 않자 경수는 매우 부자연스러운 움직임으로 네 발로 기면서 엄마 역할의 보조치료사를 쳐다보지도 않았다.

첫날의 마지막 작업으로 평소 경수를 힘들게 하는 사람들, 이와 달리 편하게 만날 수 있는 사람들로 나누어 생각해 보고 그와 유사한 피규어를 고르라고 했더니 경수는 힘들게 하는 것으로 귀뚜라미 부류의 곤충 세 개를 망설임 없이 금방 골랐다. 편한 것으로는 귀엽고 웃기는 형상을 골라서, 보조치료사에게 각 피규어의 역할을 하도록 하고 경수에게는 이에 대해 반응해 보라고 하였다. 보조치료사가 경수를 공격하는 행동을 취하자 경수는 계속 피해 다녔다. 반대로 편하게 웃는 광대가 되니까 경수는 따라 웃으며 즐거워했다. 이 상황에서 말하고 싶은 것이 있으면 하라고 권했지만, 경수는 아무 말도 하지 않았다.

연극치료에서 참여자가 보이는 모든 말과 행동은 체현과 투사, 역할로 구분할 수 있다. 영국의 연극치료학자 수 제닝스(Sue Jennings)는 이 세 가지가 우리가 자라면서 체득하는 극적 발달 단계라고 제시한다. 첫 번째 단계인 체현(embodiment)은 태어나면서 시작하는 모든 움직임을 말하며, 두 번째 단계인 투사(projection)는 내면을 밖으로 끄집어내서 알아가는 것이다. 그리고 역할(role)은 극적 발달의 마지막 단계인데, 이로써 비로소 다른 인물이 될 수 있는 극적 발달이 완성된다.

또한 이것은 진단의 근거로도 활용되어서 어느 단계의 발달이 잘 이루어지지 않았는지 파악할 수 있다. 경수는 첫 회기에서 과도한 신체 경직 상태를 보였고, 체현과 투사, 역할 세 가지 모두 힘들어했다. 작업 후 혹시 자신이 원하는 것에 대해 새롭게 알게 된 것이 있는지 물었더니 경수는 감정표현을 잘하고 싶다고 하였다. 아마 경수는 역할을 맡아 움직이는 가운데 자신이 감정을 잘 알아차리지도 못하고 표현은 더욱이 잘 못한다는 사실을 몸으로 느끼면서 새삼 확인하였을 것이다.

경수의 신체적 특성과 행동 방식은 첫 회기에 대부분 드러났고, 이는 일반적인 불안장애 증상과 별반 다르지 않았다. 예를 들어, 일상에서 문제 상황에 부닥쳤을 때 호흡이 불안정해지고 식은땀이 난다고 했지만, 여기에서는 신체 이완을 먼저 중점적으로 하였기 때문에 그와 유사한 상황인 곤충 역할의 공격에 대한 반응, 강아지 역할 등에서도 그러한 증상은 나타나지 않았다. 대신 평소에 사람들을 만날 때 어떻게 행동하는지 알 수 있었다.

불안장애의 일반적인 증상은 연극치료의 극 행동에 그대로 드러난다. 이때 참여자는 또한 자기만의 독특한 행동을 보여 주는데, 그 행동 저변에서 참여자가 느끼는 감정을 파악할 수 있다. 경수가 보여 준 신체 경직은 거의 마비 상태에 가깝다. 그러나 경수는 굳어 버린 몸 상태에서도 이성적인 판단을 놓치지 않으려고 안간힘을 쓰는데, 어쩌면 그러한 노력이 역으로 신체를 더욱 경직되게 했는지도 모른다. 이런 상태가 반복 지속되면서 경수의 신체 경직 상태는 일상이 되어 버린 것 같았다. 가장 편한 공간으로 책상에 앉아 있는 것을 선택한 것도 이런 맥락으로 이해할 수 있다.

경수는 보조치료사와의 상호 행동에서 눈도 제대로 맞추지 못하고 적절한 반응도 하지 못하였는데, 그러면서도 감정 표현을 잘하고 싶다는 욕구를 느낄 수 있었다는 것은 매우 긍정적인 신호라고 할 수 있다. 어떤 상황에서도 당황하지 않으려고 애쓰는 경수는 인지적인 접근 방식과 함께 신체에 집중하고 즉흥적으로 움직임으로써 보다 빨리 인지 부조화와 왜곡을 알아차리고 변화하고자 하는 의지를 강화할 수 있으리라고 생각되었다. 따라서 체현과 투사, 역할을 다양하게 경험하는 흐름을 매번 반복하여 진행하였다.

치료에 있어 발병의 원인을 제대로 알고 분석하는 것은 매우 중요하다. 경수는 군대에서 발병하였고 그 당시 문제되는 실제 상황이 벌어졌으므로, 만약 외상 후 스트레스 장애라는 진단을 받았다면 그 순간을 외상을 경험한 주요 시점으로 볼 수 있었을 것이다. 그런데 불안장애로 판명된 것으로 보아 경수의 불안감은 예전부터 지속되었다는 것을 의미한다고 볼 수 있다.

치료의 핵심 목표는 과거의 상처를 들추는 것이 아니라 앞으로의 미래를 잘 살아가도록 하는 것이다. 따라서 15회기라는 길지 않은 작업에서 과거를 탐색하여 경수의 문제를 직면하게 하는 것은 바람직하지 않은 접근이라고 판단하여 현재 상황에서 출발하기로 하였다.

경수는 평소에도 거의 집 밖을 잘 나가지 않았다. 경수가 편하게 만나고 이야기하는 대상은 오로지 어머니와 여자 친구 두 사람뿐이며, 자주 어울리는 친구나 선후배도 없었다. 지하철이나 버스 등 대중교통을 이용하는 것도 경수에게는 쉽지 않았다. 연극치료 작업실에 올 때 지하철을 타면 저도 모르게 호흡이 가빠지고 식은땀으로 범벅이 되어서 이따금 정거장을 지나쳐서 늦게 오기도 했다. 집 근처 편의점에 갈 때도 맞은편에서 사람이 오면 고개를 숙인 채 멀리 돌아가곤 했다. 이러한 행동은 경수의 '내면화된 수치심'과 연관되는 것으로 생각된다.

수치심은 사실 매우 소중한 감정이지만 다른 한편으로는 여러 심리 장애 현상을 일으키는 주요 원인이 된다. 수치심은 자신을 높이기 위한 수단이 될 수 있는 동시에 한없이 나락으로 떨어뜨릴 수도 있다. 전자의 경우 건강한 수치심이라고 할 수 있다. 우리는 부끄러움이 무엇인지 알 때, 사회 윤리적으로 당당할 수 있도록 겸손한 자세로 바르게 생각하고 반듯한 몸가짐을 유지하기 위해 노력한다. 반면 후자의 경우, 자신을 비하한 나머지 극도의 비참함에 어쩔 줄 몰라 하며 혼란스러워한다.

수치심은 외적으로도 드러나서, 대부분의 우리는 부끄럽다고 느낄 때 저도 모르게 얼굴이 빨개지기도 하고 어색하게 웃거나 몸을 비비 꼬기도 한다. 그런데 수치심이 행동으로 드러나는 대신 내면화되어 꼭꼭 숨어 버리면 문제가 발생한다. '내면화된 수치심'은 사후반추 사고(postevent rumination)를 일으켜서 자신이 한 말과 행동을 부정적으로 곱씹으며 스스로 더욱 부정적으로 생각하고, 사회불안을 야기한다.

수치심은 남들이 나를 어떻게 보는가에 따라 생기는 감정이지만 사실 타인과는 무관하게 그저 스스로 부끄러워하는 경우가 대부분이다. 경수는 잘생긴 편인 데다가 성격이나 여러 면에서 나무랄 데 없어 보이지만, 수치심이 느껴지면 머릿속이 하얘지면서 감각의 마비 상태가 된다. 이것은 내면화된 수치심의 부정적인 결과물로서, 그럴 때면 경수는 극도의 신체적 긴장에 빠지거나 때로는 부적절하게 웃는 표정이 되는데 정작 본인은 자신이 어떤지 전혀 알아차리지 못한다.

어쩌면 이것이야말로 경수가 사람들과 어울리지 못하는 원인이었을지도 모른다. 누군가 경수에게 일을 잘 처리하지 못했다고 야단을 치면 경수는 자신도 모르게 웃는 표정을 짓는다. 그러면 상대방은 경수에 대해 더욱 심하게 화를 내게 된다. 경수가 스스로 감정 표현을 못 한다고 말한 것은 이 때문이다. 이는 불안장애의 다른 양상인 '감정 표현 불능증'과도 같아서 신체 감각과 느낌을 구분하지 못하고, 상상하기도 어려워할 뿐만 아니라 무엇보다 감정을 표현하는 것에 서툴다.

경수에게는 이처럼 일상에서 겪는 불편함을 해결하는 것이 급선무였다. 따라서 연극치료 작업의 주된 목표를 '불특정 타인을 만날 때 편한 마음 유지하기' '타인을 이해하고 공감하기' '자기 생각이나 감정을 잘 알고 행동하기'로 정하였다.

그리고 이 목표를 이루기 위해 연극치료 작업에서는 호흡과 명상은 기본으로 하고, 앞서 언급하였듯이 '체현-투사-역할'의 단계로 진행하였다. 경수와 함께 한 체현 활동은 신체 이완과 모방, 역할 연기로 이루어졌다. 신체 이완이 온전히 자신에게 집중하기 위한 목적의 활동이라면, 모방은 반대로 상대방에게 집중하는 것을 의도한다. 작업 초 · 중반기까지 경수는 매 회기 이 두 활동을 통해 차츰 자기 자신과 타인의 경계를 알아차리게 되었다. 이 활동을 집에서 매일 혼자 반복하여 습득하도록 권한 결과, 경수는 지하철 안에서도 핸드폰을 보는 대신 눈을 감고 호흡과 명상으로 조금이나마 자신에게 집중할 수 있게 되었다.

호흡과 명상이 자기 집중의 효과를 가져오는 것이라면, 모방 놀이는 누군가를 똑바로 보기 어려워하던 경수로 하여금 타인에게 집중하여 보고 듣고 느끼도록 하였다. 거울 놀이는 대표적인 모방 놀이로, 서로 마주 보고 한 사람의 동작을 마치 거울이라도 된 것처럼 따라 하는 것이다. 이것은 '보는' 행위와 '하는' 행위의

거울 놀이

결합으로, 시각적 자극을 통해 몸을 깨우는 것을 말한다. 그 결과 단순한 연극 활동을 통해 자신과 타인에 대해 본능적으로 인지하게 되는 것이다. 처음에는 단순한 움직임을 모방하다가 차츰 역할 연기와 감정 표현까지 확장하여 공감 수준을 차츰 높여 갔다.

모방은 거의 매 회기에 진행하였으며 12회기부터는 움직임에 리듬감을 추가하여 춤으로까지 확장할 수 있었다. 이처럼 모방의 움직임을 거듭하는 가운데 경수의 동작이 전에 비해 훨씬 커지고 행동반경이 넓어졌으며 두려워하는 느낌도 많이 사라졌음을 알 수 있었다. 경수는 여전히 상대를 관찰하기 어려워하면서도 이를 재빨리 알아차리고 즉시 행동을 바꾸기도 하였다.

레프 비고츠키(Lev Vygotsky)는 '인간이 사회적 활동을 하는 과정'에서 '자기 인식'이 형성되는 것에 관하여 "자기를 지각하는 것은 타인을 분명하게 지각한 결과이고 타인과의 협력과 타인의 행동 방식에 대한 분석이 전제되는 자기를 지각하는 과정은 사회적 활동을 통해 형성된다."라고 하였다(Luria, 2015: 44). 경수는 보조치료사와 함께 서로를 보고 움직이며 반응하는 가운데 자연스럽게 분석과 지각이라는 두뇌활동을 거치면서 자기와 타인의 경계를 서서히 구축할 수 있었다. 연극치료에서 모방의 과정은 이처럼 사회적 활동 그 자체인 것이다.

5회기에 경수는 다음과 같이 말했다. "내 상태가 어떤지를 알게 되니 지하철을 타도 편안해졌어요. 오늘 특히 사람이 많았음에도 정체 모를 기분과 감정에 휩쓸리는 것이 아니라 현재 내 기분과 감정을 인식하게 되었어요. 늘 그런 것은 아니지만." 이처럼 빠른 진전을 보인 것은 경수가 워낙 의지가 강하고 회복에 대한 열망이 강렬했기 때문이다(박미리, 2021: 38-42).

이후 여러 이야기의 극 활동을 통해 역할과 감정을 경험하고 인식하여 인지 및 정서 부조화의 문제를 다루면서 경수는 스스로에 대한 가치관을 차츰 회복하였다. 하지만 그에게 가장 필요했던 것은 다름 아닌 모방 놀이였다. 모방 놀이는 시각을 자극하여 다른 사람과 마주하여 직접 눈으로 보도록 한다. 그리고 상대방이 하는 움직임을 따라 하는 가운데 이해하고 공감하면서 관계를 맺을 수 있도록 한다.

## 2) 문제행동 청소년: 왜곡된 동일시와 공감

16세 중학생 영민이는 두 형제 중 막내로, 스스로 마마보이라고 할 정도로 어머니와의 사이가 남달랐다. 하지만 부모의 갈등이 심해지면서 많은 문제를 일으켰기 때문에 연극치료를 의뢰하였다. 영민이는 겉으로 보기에는 밝고 명랑한 모범생이지만 거짓말이 아주 능숙하여 학교 교사는 물론 어머니조차 깜빡 속을 정도였다. 어릴 때부터 집안에서 하는 행동과 밖에서의 행동이 너무 달라서, 이 사실을 모르던 어머니는 영민이가 문제행동을 하리라고는 생각조차 하지 못했다.

특히 어린 시절 영민이는 어머니에 대해서는 입 안의 혀처럼 말을 잘 듣는 아들이었다고 한다. 그런데 초등학교 때 다른 사람

아이는 엄마의 불안을 그대로 받아먹는다.

의 자전거를 그냥 집어 오는 등 이상행동으로 인한 사건들이 발생하였다. 중학생이 되자 거짓말보다도 친구들을 때려서 학교에서 문제 학생으로 주목받기 시작했다. 어른들이 보기에 영민이는 탐탁지 않은 면이 있었지만, 친구 사이에서는 인기가 많아서 반장으로 선출되었다.

치료사들과도 처음에는 얌전했는데, 관계가 친밀해지자 심한 허풍과 과장으로 일관된 행동을 하며 몹시 산만해 보였다. 영민이는 일상생활에서 크게 문제가 드러나지 않았기 때문에 딱히 진단받을 필요는 없었으나, 과잉 행동장애나 품행장애와 같은 모습을 보여 주기도 하였다. 책상에 앉아서 성실히 공부하는 것 같았지만 막상 성적은 최하위였다. 그 나이 또래답게 외모에 신경을 쓰면서 값비싼 의복과 운동화, 핸드폰 등을 자주 바꾸고 싶어 하였다. 그런데 부모의 이혼 후 어머니에 대한 원망이 커져서 점점 반항적인 행동이 나오기 시작했다.

영민이는 또래에 비해 키가 작고 깡마른 체격인데 운동을 좋아해서 신체 단련은 잘 되어 있지만 감각을 느낀다거나 상상하는 힘은 부족했다. 극 활동을 할 때도 대장 역할을 맡아 부하 역을 맡은 친구에게 그저 명령만 내리고 싶어 했다. 영민이는 극적 발달 단계로 볼 때 체현, 투사, 역할 전반에 걸쳐 많이 부족했다. 겉으로는 대범하게 행동하는 것 같지만 속으로는 불안해하였으며, 어떨 때는 자신이 무슨 생각을 하는지 어떤 행동을 하는지조차 의식하지 못하는 것처럼 보였다. 대본 암기와 같이 머리를 쓰는 활동을 할 때는 지나치게 불안해하며 문장을 제대로 이해하지 못하는 등 집중력이 현저하게 떨어졌다.

처음 연구소에 왔을 때 두드러지게 나타나는 영민이의 문제는 어른에 대한 증오심이라고 할 수 있었다. 특히 이혼을 감행한 어머니를 비롯하여 어른들에 대한 불신이 강했다. 어릴 때는 타인에 대한 배려가 남달라서 착하게 성장할 줄 알았다는 어머니의 이야기로 짐작해 볼 때, 영민이는 어머니와의 지나친 밀착이 도리어 지금과 같은 문제행동을 일으키게 된 것으로 생각된다. 이는 흔히 말하는 애착 장애로 볼 수 있으며, 그 밑에는 버려짐에 대한 두려움이 짙게 깔려 있었다.

어머니와의 분리 불안은 아이가 정상적인 단계를 거쳐 자아 정체성을 형성하는 데 많은 어려움을 가져온다. 예민한 성격의 영민이는 어머니에 대하여 지나치게 동일시한 나머지, 어머니와 분리하여 자신을 오롯이 보지 못한다. 게다가 아버지로 인해 고통스러워하는 어머니를 보면서 인간에 대해 폭넓게 이해하지 못한 채 어른이란 존재는 약한 자를 무조건 제압한다는 나쁜 고정적인 이미지를 갖게 된 것으로 보인다.

영민이는 오랫동안 지속된 불안감과 과잉행동으로 인해 적절한 판단력과 절제력을 상실한 것 같았다. 또한 약한 사람을 보호해야 한다는 의욕이 넘친 탓에 본인이 생각하기에 불의라고 판단되면 서슴없이 폭력을 휘둘러 문제를 일으키는데, 그 행동이 왜 나쁜지 그리고 그 순간 자신이 느끼는 감정이 정확히 어떤 것인지 알지 못했다. 어머니는 무엇보다 영민이가 더 이상 큰 사고 없이 무사히 질풍노도의 시기를 보내기를 원했다. 다행스럽게도 영민이는 오가는 시간이 3시간 이상이나 걸리는데도 연극치료를 받으러 오는 것을 무척 좋아하였기 때문에 우리는 2년 넘게 거의 매주 한 번씩 만날 수 있었다.

영민이의 경우 집단 작업으로 치료를 진행하였으며, 일종의 통합교육처럼 지적 장애나 정서 장애 등 다양한 문제를 지닌 또래 친구들과 함께하였다. 장기 작업이었던 만큼 영민이는 정말 많은 극 활동에서 역할 놀이를 경험하였다. 이는 역할을 통한 관계를 돌아보도록 하려는 목적으로, 상황에 대한 이해력이 부족한 영민이를 위해서 유사한 내용을 수차례 반복하며 경험하도록 하였다. 여기에서 주안점을 둔 것은 인물의 감정이었으며, 이를 통해 영민이는 특히 어머니와 아버지의 관계에 대한 오해를 풀고 사람에 대한 이해 폭을 넓힐 수 있었다.

영민이에게 있어서 첫 번째 변화의 계기는 모방 놀이로부터 시작되었다. 앞서 보았듯이 영민이의 주된 문제점은 물불 안 가리고 갑자기 욱하는 성질이 있다는 것, 그리고 초등학교 때 상점에서 파는 자전거를 마치 자신의 것인 양 끌고 온 것 등 자신이 무슨 행동을 하는지 알아차리지 못하는 순간이 있다는 것이었다. 후자는 감각 인지 마비 현상과도 같아서 영민이가 열심히 공부하는데도 학습 능력이 향상되지 않는 면과도 관련되는 것으로 보인다.

앞에서 본 경수와 영민이는 겉으로 드러나는 행동이 전혀 다르다. 친구가 없는 경수와 달리 영민에게는 함께 어울리는 친구가 많았다. 경수는 내향적인 반면 영민이는 외향적이었다. 이처럼 겉으로 드러나는 양상은 정반대임에도 불구하고 두 사람 모두 불안이 문제행동의 근원이라는 점에서 유사하다.

모방 놀이는 집단 작업에서 더욱 풍성해진다. 처음에는 2인 1조로 서로의 행동이나 말, 소리 등을 그대로 따라 하다가 집단 전체가 한 사람을 따라 하는 것으로 확장하면 참여자 모두가 일심동체가 된 듯한 인상을 받는다. 이러한 놀이는 모두의 몸과 마음을 풀어 주고 서로를 바라보고 이해하며 격려할 수 있게 한다. 자신을 있는 그대로 서로 보여 주고 토닥이면서 동병상련을 할 수 있다면 이보다 더 좋은 치료 환경은 없다. 영민이 역시 모방 놀이를 통해 그동안 미처 보지 못했던 친구들의 마음을 헤아릴 수 있게 되면서 시도 때도 없이 폭력을 가하던 버릇이 차츰 줄어

자석 놀이

들었다.

또한 속도감을 더한 모방 놀이를 통해 영민이는 자신에게 집중하는 힘을 조금씩 기를 수 있었다. 예를 들어, 빨리 걷기, 느리게 걷기, 무중력 상태에서 걷기, 거북이처럼 엉금엉금 기어 보기, 로봇 동작하기 등 몸에 집중하는 놀이를 거듭 반복한 결과 영민이는 전에 비해 훨씬 차분해졌다.

영민이는 오랜 기간 연극치료를 받으면서도 여전히 거짓말도 하고 주변 사람들과 싸우기도 하였다. 또한 과장된 행동이나 지나친 무기력과 상실감에 빠지는 등 오락가락하는 모습을 보여주기도 하였다. 하지만 이전에 비해 훨씬 안정적이고 집중력도 좋아졌으며 특히 폭력 행동이 현저히 줄어서 큰 사고를 치지도 않았다.

무엇보다 좋았던 것은 수많은 극 활동을 통해 자신의 문제행

**모방 놀이**

누군가를 따라 하는 모방 놀이는 장소의 제약없이 자유를 만끽하게 한다.

동이 앞으로 심각한 상황을 초래할 수도 있다는 우려를 진지하게 받아들이게 되었다는 사실이다. 그 결과 불안감을 느낄 때 스스로 제지하려고 노력하거나 그렇지 못할 때는 다른 누군가에게 적극적으로 도움을 청할 수 있게 되었다.

# 2 투사 놀이

## 1) 재활병원 여성 입원 환자 집단: 그리운 예전의 내 모습

슬픔은 나눌수록 엷어진다. 움직일 수만 있다면 얼마나 행복할까.

이 내용은 부산 파크사이드 재활의학병원에서 환자들을 대상으로 진행한 단 회기 작업이다. 재활병원의 환자들은 돌발적인 사고나 질병으로 신체적 장애를 갖게 된 경우가 대부분이다. 특히 교통사고와 같이 예기치 못한 상황으로 인해 예전과 같이 살지 못하게 된 경우가 많기 때문에 정서적으로 심한 타격을 받은 상태에서 입원 생활을 하게 된다. 그런데 역설적이게도 움직임이 불편한 참여자들은 도리어 자유로이 움직이는 우리에 비해 단순하고 짧은 찰나의 경험만으로도 그 누구보다 몸에 민감하게 반응하고 잘 인식한다.

참여자들은 휠체어를 타거나 한쪽 마비 증상으로 잘 걷지 못하는 6명의 여성으로 구성되었다. 그들은 40대 후반부터 70대까지의 연령대로, 아내이자 어머니, 할머니로서 역할을 하지 못한다는 자괴감에 빠져 있었다. 병원 측에서는 그들이 좌절과 상심이 너무 커서 자신이 처한 현재 상황을 받아들이지 못하고 있으며, 이로 인해 치료받는 것에 대해 소극적이고 무기력해서 병상생활에 지장이 있다고 하였다. 따라서 자신의 현재 모습을 수용하고 다른 가족들에게 지나치게 미안한 마음을 갖지 않도록 하는 것이 이 회기의 주요 목표였다.

그중 한 분이 치료 공간에 들어오면서부터 눈물을 쏟아내는 바람에 연극 활동을 진행하기에는 무리가 있었다. 모두 원으로 모인 상태에서 한 사람이 과도하게 슬퍼하니까 다른 참여자들도 무기력하게 슬픔 속에 빠져들게 되었다. 그래서 제대로 슬픔을 경험하자고 제안했고, 모두의 동의하에 먼저 슬픔의 신 형상을 만들기로 하였다. 가운데에 주변의 물체들을 가지고 참여자들이 이렇게 저렇게 해 달라고 요청하는 대로 설치하였더니 여러 개의 의자들을 뒤집어서 겹쳐 놓은 오브제가 되었다. 그러는 동안 참여자들은 차츰 무기력에서 벗어나 집중하면서 슬픔의 신이 어떤 모습으로 만들어지는지 지켜봤다.

모두 흡족해하는 형상으로 완성하였더니 문득 그 안으로 들어가 보고 싶은 생각이 들었다. 참여자들에게 양해를 구하고 형상 아래로 들어가니까 뜻밖에도 전혀 예상치 못했던 슬픈 느낌이 확 올라왔다. 그래서 다 함께 경험하기로 한 다음, 나는 움직임이 불편한 참여자들을 위해 오브제에 있던 의자 하나를 빼내 들고 한 사람씩 머리 위로 씌워 주었다. 그들은 이미 슬픔에 빠져 있었기 때문인지 금방이라도 울음이 터질 듯했다.

이번에는 자신만의 슬픔은 어떤 것인지 확실히 알아보기 위해 눈을 감고 의자를 만지면서 확인해 보자고 하였다. 그들은 대부분 의자 다리를 쓰다듬고 어루만지면서, 슬픔은 싫다, 충분히 느낀다고 말하면서 눈물을 흘렸다. 자신의 불편한 다리를 의자 다리와 동일시하는 것 같았다.

환자들은 대부분 병원 생활을 하면서 자신의 감정을 제대로 표현하지 못한다. 특히 갑작스럽게 신체장애를 입게 되면 예전과 달리 움직임이 불편한 데다가 가족을 돌보지 못한다는 미안

슬픔의 신 형상

함으로 자신의 처지를 충분히 슬퍼하지 못한다. 이로 인해 정서적으로 우울과 무기력에 휩싸이게 되는 경우가 많다. 이처럼 아무것도 하지 못하는 상태일 때에는 투사 놀이가 효과적이다.

투사란 심리학에서 말하는 대표적인 방어기제의 하나로, 부정적 의미로 볼 때 도저히 받아들일 수 없는 충동이 이상하게 표출되어 심할 경우 편집증적 투사나 망상의 증상으로 나타나기도 한다. 진단평가에서는 투사를 문제점을 파악하기 위한 도구로 사용하는데, 예술치료에서는 이를 긍정적인 치료 기법으로 적극 활용한다. 이때 투사는 활동 방식으로 기능한다. 즉, 말 그대로 내면의 것을 외부로 드러내는 것이다.

이번 작업에서 의자 다리를 만지는 촉각 자극은 그대로 참여자 자신의 몸으로 이어져서 그들은 슬픔을 더 한층 깊이 체화할 수 있었다. 그 순간 평소 온몸을 휘감고 있었던 억제된 눈물이 터

슬픔을 표출하고 공감하는 참여자

지면서 그들은 눈물을 펑펑 흘리며 자신이 얼마나 슬픈지 마음껏 표현하였고, 이와 동시에 무엇이 자신을 슬프게 하는지 말할 수 있었다. 그러면서 서로가 같은 처지에 있음을 확인하고 위로하며 공감하였다.

그들이 이처럼 적극적으로 표현할 수 있었던 것은 혼자서만 느끼던 슬픔을 신으로 대상화하여 형상으로 접하고 자신이 밖으로 표출한 그 기운을 다시 받아들여 깊이 체화하였기 때문이다. 이때 조금의 자극이 주어지자, 적극적으로 자신이 슬프다고 표현할 수 있었다. 그들은 사고를 당해서 예전처럼 살지 못하게 된 것을 무엇보다도 슬퍼하였다. 그러면서도 가족에게 예전처럼 해주지 못하는 데서 오는 미안함 때문에 대놓고 슬퍼하지도 못했다. 이 작업에서 참여자들은 모두 한마음으로 복잡한 심정을 슬픔으로 쏟아 내면서 마음의 응어리를 잠시나마 풀어내었고, 그 덕분에 현재 자신의 상황을 그대로 인정하는 계기가 되었다. 이렇게 되면 앞으로 치료를 열심히 받아 최대한 예전의 모습으로 회복하려고 노력할 수 있다.

이후 마무리로 무엇을 하고 싶은지 묻자 그들은 행복과 만나고 싶다고 하였다. 그들의 행복은 단 하나, 건강과 회복이었다. 작업에 참여한 우리는 모두 잘 알고 있었다. 아무리 행복하고자 해도 그대로 되지는 않는다는 것을. 그럼에도 불구하고 그들은 원하는 대로 행복을 형상화하였고, 행복의 신과 마주하자 모두 하나같이 건강을 바라며 행복을 빌었다. 작업을 마치고 치료 공간을 떠나는 그들의 모습은 들어올 때와 달리 매우 편안하고 빛나고 있었다(강신익 외, 2020: 230-231).

앞서 말했듯이 재활병원 환자들은 불의의 사고나 질병으로 신체적 장애를 갖게 된 경우가 많다. 불과 조금 전까지만 해도 멀쩡하게 움직이던 몸이 갑자기 마비되거나 손상되어 제대로 서지도 걷지도 못하게 되었을 때, 몸뿐만 아니라 정서적으로 심한 타격을 입고 입원 생활을 한다. 이 만남에서 나는 참여자들의 슬픔을 먼저 알아차렸고, 그들과 공감하기 위한 목적으로 형상화한 의자들 안에 들어감으로써 온몸으로 슬픔을 체화하였다. 참여자들은 내가 그들의 슬픔에 진심으로 공감하는 것을 보고, 그들 역시 한 사람씩 의자 다리를 손으로 만지는 단순한 동작을 통해 순식간에 온몸으로 슬픔을 느꼈다.

움직임이 자유롭지 못한 참여자들에게는 연극 활동이 적합하지 않을 것이라고 지레짐작하는데, 그것은 선입견에 불과하다. 도리어 그들은 아주 미세한 신체 자극에도 매우 민감하게 반응하고 순간 깊이 알아차린다. 연극 경험에서 반드시 움직임이 크거나 격정적일 필요는 없다. 이처럼 최소한의 움직임만으로도 우리는 감각을 깨우고 상상하고 체현할 수 있으며, 이를 통해 현재 자신의 상황에 대한 인식을 올바로 하게 되는 것이다. 연극치료에서 투사 놀이는 이러한 기능을 담당한다.

### 2) 재활병원 남성 입원 환자 집단: 마주하고 싶지 않은 현실

말하고 싶고 다가가고 싶지만 그럴 수 없어. 차라리 입 닫고 귀 닫고 안 보는 게 편해.

이 집단은 대부분 휠체어를 타거나 한쪽 마비로 잘 걷지 못하는 성인 남성들이었다. 40대부터 70대까지 총 5명의 참여자는 연극치료를 기대하는 마음과 잘하지 못할 것이라는 불편함을 가지고 치료 공간에 들어왔다. 이런 경우는 감정적인 접근보다는 즐겁게 연극 놀이를 할 수 있는 활동 중심으로 진행하는 것이 더 효과적이다. 감정은 참여자들이 솔직하게 느끼고 표현할 때 역동적인 힘을 발휘하는 반면, 극 활동은 자신도 모르는 사이에 역할을 입게 한다는 장점이 있다. 이 집단은 대부분 장성한 자녀를 둔 아버지로서, 자신을 돌보는 가족과 소통이 원활하지 못하다는 문제가 있었다. 따라서 가족과의 소통과 관계 회복을 목표로, 아버지 역할을 점검해 보기로 했다.

이를 위해 바리공주 이야기를 들려주었다. 한 나라 임금인 오구대왕은 왕비가 딸만 계속 출산해서 상심해하다가, 또 딸이 태어나자 그의 딸인 바리공주를 강물에 던져 버렸다. 딸은 노부부를 만나 잘 자라고 있었는데, 딸을 버린 비정한 아버지는 죽을병에 걸리게 되었다. 아버지의 병은 오직 버림받은 딸만이 낫게 할 수 있었다. 여기까지 이야기한 다음, 참여자들에게 질문했다. 과연 당신이 아버지라면 자신이 버린 딸을 다시 불러 치료해 달라고 부탁할 수 있을까? 이때 주의할 점은 참여자들에게 지나치게 의도적인 접근을 해서는 안 된다는 것이다. 특히 바리공주 이야기는 아버지가 딸을 버린 내용이어서 직접적인 자극을 줄 수도 있다. 따라서 최대한 공감을 형성하면서 진행하는 것이 중요하다.

나는 이야기를 할 때 특별히 오구대왕이라는 인물이 아버지로서 겪었을 감정에 대해 충분히 납득할 수 있도록 설명하였다. 신탁을 따르지 않고 성급히 결혼한 결과 아들을 낳지 못한 것, 마지막 딸을 버릴 수밖에 없었던 여러 상황, 비정한 아비이면서도 딸에 대한 미안함과 죄책감으로 옥함 안에 여러 보물을 넣었던 것 등등. 이것이 내가 선택한 공감 형성 방법이었다. 다시 말해, 어떤 특정 감정에 휘말리는 것이 아니라 최대한 객관적으로 이해하고 바라보도록 이야기를 전개한 것이다.

참여자들은 대부분 아예 딸을 찾지 않겠다고 하였다. 자기가 직접 버린 딸에게 미안해서라도 부탁할 수 없다는 것이었다. 한 참여자만이 다 알지만 그럼에도 불구하고 자신이 처한 상황을 말하면서 도와 달라고 청할 것이라고 했다. 그런 다음 한 사람씩 오구대왕이 되어 바리데기를 만나는 연극을 짧게 진행하였는데, 그들은 미안하다고 말하는 것조차 어려워하였다. 서로를 지켜본 참여자들은 현재 본의 아니게 아버지 역할을 하지 못하는 자신의 상황을 공유하였고, 이제는 자녀에게 아버지 노릇을 할 수 있는 만큼이라도 해야겠다고 말하였다.

사실 그들은 이미 자신의 처지가 가족들에게 떳떳할 수 없다

**부모의 고통을 함께 아파하는 바리공주**
오구대왕은 질끈 눈을 감고 있고, 왕비는 외면한 채 눈물을 흘린다.

는 자괴감에 빠져서 제대로 소통하지 못한다는 것을 누구보다도 잘 알고 있었다. 유일하게 바리공주를 찾아 자신을 도와 달라고 하겠다던 참여자조차도 실제로 연극으로 할 때는 말과 달리 진심으로 미안해하는 애잔한 아버지의 마음을 드러냈다.

연극치료 작업에서 극 활동은 마치 진짜 배우들이 하는 것처럼 역할 연기를 하는 것이 아니다. 특히 이 집단과 같이 몸놀림이 자유롭지 못한 경우에는 그들이 지극히 사소한 움직임을 하거나 툭 던지는 대사 한마디를 하는 것만으로도 큰 의미가 있다. 그들의 역할 입기는 움직임을 수반하지 않고 이야기를 듣고 생각하는 인지 작업으로 이루어졌다. 여기서 중요한 것은 그들이 아버지 역할을 대사로 수행하였다는 사실이다. 그들은 의식하지 못하는 사이, 투사적 동일시를 하여 오구대왕이 되었기 때문이다.

투사적 동일시란 역할 입기에 유용한 방법으로, 투사와 내사

손을 최대한 높이 들고 변화를 다짐하는 참여자들

를 반복하는 가운데 그 인물과 겹쳐지는 것을 말한다. 이 집단은 먼저 내가 들려주는 이야기 속에서 병든 오구대왕에게 자신의 모습을 투사하였다. 그와 동시에 바리공주를 불러야 할지 말아야 할지 망설이는 오구대왕으로부터 내사를 통해 현재 가족과의 관계에서 비슷한 상황에 놓인 자신의 모습을 보았다. 이뿐만 아니라 집단원 한 사람씩 돌아가면서 오구대왕 역할을 하는 것을 서로 보는 가운데 모두 함께 그 역할에 대한 동일시와 분리를 경험하였다. 그 결과 마지막에는 아버지 역할을 맡아 각자 진심 어린 대사를 할 수 있었다.

이 작업을 통해 그들은 오랜 입원 생활로 인한 가장의 역할 부재, 그것이 현재 어쩔 수 없는 자신의 상황임을 다 함께 고백하면서 인정하였다. 어쩌면 이미 알고 있었지만 모른 척 외면하고 싶었던 그 사실을 기꺼이 말로 내뱉은 것이다. 이로써 그들은 숙였던 고개를 바로 들고 서로 진지하게 빛나는 눈빛으로 바라보면서 앞으로의 삶에 대해 좀 더 이성적으로 생각할 수 있을 것 같다고 말하고는 만족스러운 모습으로 작업실을 나갔다.

두 작업 모두 '극적 투사'를 적극 활용한 것으로, 이는 상상을 통해 역할 입기를 수행한 활동이다. 어머니 집단은 특히 시각과 촉각을 자극함으로써 추상적인 감정을 이미지로 만들어서 슬픔이라는 역할을 입을 수 있었고, 아버지 집단은 바리공주 이야기의 오구대왕을 통해 아버지라는 역할의 의미를 구현할 수 있었다. 정리하자면 첫 번째는 이미지를 활용한 감각·감성적 접근의 투사 놀이 방식이며, 두 번째는 이야기를 활용한 인지적 접근 방식이다.

여기에서 보듯이 이러한 방식으로 진행한 투사 놀이는 집단 전체, 즉 치료사와 참여자, 참여자 서로 간에 신뢰를 쌓게 한다. 두 집단 모두 공동의 투사 대상을 선정하였는데, 하나는 슬픔의 신이라는 형상, 또 다른 하나는 오구대왕이라는 인물이다. 그런 다음, 마찬가지로 슬픔이라는 하나의 감정과 아버지라는 역할 하나를 각자 느끼는 대로 표현하는 가운데 투사와 내사를 여러 번 반복하였다. 이는 치료 공간을 마치 극장과도 같이 활용한 방식에 해당한다. 즉, 자신이 할 때는 배우가 되었다가 다른 사람이 할 때는 관객이 되어 보면서 일종의 거울 치료처럼 자신을 돌아보는 것이다.

이제 앞의 사례에서 어떤 과정을 거쳐 자기 인식을 도모하였는지 살펴보자.

첫째, 슬픔이라는 감정과 그 형상, 오구대왕과 아버지 역할은 참여자들의 문제를 직접적으로 다루는 것이 아니라 '대체 관계'에 해당한다. 대체 관계란 유추에 의한 은유의 단계 중 하나로 에둘러 작업을 진행할 수 있다는 장점이 있으며, 이야기를 활용하는 연극치료 작업이 대표적인 방식이다. 이를 통해 참여자들은 저마다 자신의 슬픔이 무엇이며 어떤 의미를 지니는지, 또한 아버지로서 자신은 자녀에게 어떤 의미를 갖는 것인지 알 수 있었다.

둘째, 어머니 집단은 의자의 다리를 만지는 동작으로, 아버지 집단은 대사로 각각의 내적 정체성을 표현하였는데, 이는 또 다른 은유의 단계로 행위와 특질의 관계에 해당한다. 즉, 행동과 대사에 내재한 특성이 그대로 드러났다는 것이다. 이 순간 참여자들은 모두 온몸으로 느끼며 상상하고 살아 있음을 확인하였다. 이것이 바로 '감각하는 몸'이다.

'감각하는 몸'은 우리를 '지금 여기, 온전한 나 자신'으로 존재하도록 한다. 이러한 현존은 느낌과 지각을 동시에 일으키는데, 즉 몸과 마음의 일체감이다. 앞에서도 말했듯이 평소 우리는 몸과 마음이 분리된 상황을 생각보다 자주 경험한다. 환자들은 특히 자주 이러한 상황에 놓이는데, 이때 몸과 마음을 하나로 합치하는 첫 번째 통로가 감각이다. 앞의 사례에서 참여자들은 단순히 의자 다리를 만짐으로써 감각을 깨우고 몸과 마음의 일체감을 통해 '지금 여기' 존재하였고, 이를 통해 정서적 회복을 경험할 수 있었다.

우리는 연극 활동을 하는 사람의 신체를 가리켜 '연극적 몸'이라고 한다. 필 존스는 이를 '연극적 혹은 극적 행위와 관계된 신체'라고 정의하며, '상상과 현실이 만나는 장소'라고 말한다(Jones, 2005: 244). 연극적 몸의 자기 인식은 반드시 제대로 역할을 입고 변신함으로써 이루어지는 것은 아니다. 최소한의 움직임만으로도 우리는 상상하고 체현하여 연극적 몸을 경험할 수 있으며, 현재 자신의 상황에 대한 인식을 올바로 할 수 있다.

신문지를 찢어서 인형을 만드는 것은 대표적인 투사 놀이이다. 이 작업은 촉각을 활용하여 이완하고, 원하는 형태로 만듦으로써 충족감을 준다.

# 3 표현 놀이

## 1) 뇌졸중 어르신: 어린아이와 공존하는 현자

움직일 수 없을 때 나는 현실에 있는 걸까, 아니면 꿈속에 있는 걸까.

과로로 연구실에서 쓰러진 지성 씨는 심한 뇌 손상으로 의식 불명 상태에 있다가 깨어난 뒤 언어 능력 상실, 전신 마비 증상을 보였다. 가족의 정성 어린 보살핌과 본인의 강한 의지로 상당 부분 회복되어, 6년이 지난 지금 일상적인 의사소통에는 문제가 없으며 일어서서 걷지는 못하지만 휠체어를 타고 어느 정도 활동할 수 있게 되었다.

처음 만났을 때 지성 씨는 언어 소통에 아무런 문제가 없어 보였다. 하지만 막상 질문을 하니까 적절한 답변을 하지 못하고 어쩔 줄 몰라 했다. 계속 환하게 웃고 있어서 기분이 좋아서 그러는 줄 알았는데, 보호자인 아내의 말에 의하면 의식이 회복되면서 표정이 그렇게 굳었다는 것이었다. 슬퍼도 화나도 웃는 얼굴만 보여 주는 것이 매우 속상하다고 하였다. 전반적으로 유아 수준의 이해력과 반응 능력을 보여서, 초기 작업은 신체 접촉은 배제

하고 관객으로서 극을 보는 활동 중심으로 진행하기로 하였다. 이는 발달장애 아동과 처음 작업할 때와 유사한 방식이다.

이야기에 대한 이해 수준을 보려고 흥부 놀부 이야기를 아느냐고 물었는데 잘 모르는 것 같았다. 그래서 치료사 몇 명이 짧은 연극으로 보여 주었더니, 지성 씨는 마치 아이처럼 손뼉을 치며 좋아했다. 이번에는 극 활동을 어느 정도 할 수 있는지 보기 위해, 함께 흥부 놀부 연극을 하자고 제안했다. 지성 씨는 흥부 역할을 하겠다고 했지만 간단한 대사조차 제대로 하지 못했다. 앞서 본 극 내용을 어느 정도 이해했는지 알기 위해 질문했지만 역시 답변하지 못했다.

그의 아내는 우선 환하게 웃고 있는 얼굴 표정이 진지해지고 차라리 예전처럼 화를 내면 좋겠다고 하였다. 처음 쓰러졌을 때 의사들은 골든 타임을 놓쳐서 회복하기 불가능하다고 했지만, 아내는 있는 힘을 다해 하나하나 아기를 키우듯이 가르쳤다고 했다. 마비된 몸을 구석구석 마사지하고, 말 한마디 못했던 상태에서 마치 처음 입을 열고 소리를 내어 말을 배우는 아기처럼 일일이 가르쳤다고 했다. 의사는 이 정도로 회복된 것도 기적이라고 하면서 더 이상 나빠지지 않는 것이 최선이며 아이 하나 더 키운다는 마음으

로 보살피라고 했다고 한다. 하지만 6년이 지나 어느 정도 모습을 갖추게 된 지금, 아내는 이제는 휠체어에서 일어나 최소한 지팡이에 의지해서라도 걸을 수 있기를 원했다. 워낙 의지가 강한 분이라서 자신이 마음을 먹으면 충분히 가능하다는 것이었다.

지성 씨는 마치 세 살짜리 어린애 같았다. 하지만 오랜 기간 침대에 누워 있기만 한 탓에 신체 경직도 심해서 두 팔을 올리거나 박수 치는 것조차 힘겨워했다. 이제는 사회생활도 할 수 없을 뿐만 아니라 소소한 일상적인 행동, 즉 스스로 일어나 밥 먹고 옷 입고 걷는 것도 못해서인지 일상과 환상을 잘 구분하지 못하는 것 같았다. 또한 감각마비 상태가 오래 지속되었기 때문에 감각을 느끼는 것도 쉽지 않아 보였다.

지성 씨의 인지능력은 뇌의 손상으로 인해 전반적으로 저하된 것이 분명했다. 따라서 안타깝게도 예전에 하던 연구를 다시 할 수는 없었다. 누구나 다 아는 옛이야기도 전부 다 기억하지는 못하지만 그렇다고 해서 아예 모르는 것은 아니었다. 가끔 뛰어난

비 내리는 풍경을 상상하면서 찢은 신문지로 소리를 들려주는 것은 또 다른 형태의 표현과 소통이다. 이것은 매체를 활용하여 신체 감각을 회복하는 방법에 해당한다.

통찰력을 보일 때는 실제 나이보다도 훨씬 더 깊이 있는 사람으로 생각되었다. 이야기 이해력에 관해서도 지성 씨는 유아와 현자라는 양극단의 모순적인 모습을 보였다. 그런데 뜻밖에 청각이 유독 발달하였다는 것을 알게 되었다.

한 번은 신문지를 꾸겨서 다양한 소리를 내어 들려주고는 그것이 무엇을 연상시키느냐고 물었더니, 지성 씨는 놀랍게도 아기처럼 환하게 웃는 얼굴 대신 진지한 표정을 지으면서 여름밤 비가 오는 소리, 가을날 공원에서 떨어지는 나뭇잎을 밟는 소리라고 말하는 것이었다. 표정도 그렇지만 매우 시적이고 서정적인 표현이 그 소리에 대한 가장 정확한 묘사로 느껴졌다. 그때까지는 지성 씨를 흥부 놀부도 모를 정도로 퇴행한 어린애라고 생각했는데, 알고 보니 어른과 아이가 공존하고 있었던 것이다. 따라서 청각을 활용한 작업을 중심으로 차츰차츰 지성 씨를 극적 환상의 세계로 끌어들였다.

지성 씨의 아내가 원했던 표정 변화는 불과 몇 회기 만에 이루어졌다. 이후 지성 씨는 우리에게 다양한 표정으로 상황에 맞게 진솔한 감정을 보여 주었다. 오랜 기간 침상에 누워 하루가 천년 같고 천년이 하루 같은 시간을 보내는 동안 자연스럽게 청각이 발달한 것으로 생각되었다. 움직일 수 없었을 때 지성 씨는 현실에 있었을까, 아니면 꿈속에 있었던 것일까.

신체 감각을 깨우는 것은 이처럼 회복의 첫걸음이 된다. 청각을 중심으로 시각과 촉각 등을 자극하여 연상하는 작업을 회기마다 반복한 결과, 지성 씨는 어느새 수많은 연극 활동에서 여러 역할을 맡을 수 있게 되었다. 다시 말해, 극적 상황에 대한 인식이 명료해지면서 지성 씨는 차츰 현실과 환상을 다시 구별하게 되었다.

무려 3년이라는 시간 동안 지성 씨는 우리와 함께 많은 연극치료 프로그램을 경험하였는데, 특히 표현 놀이가 지성 씨의 인지 회복에 자극제가 되었다. 예술치료는 근본적으로 예술이 표현행위라는 것을 기반으로 하는 만큼, 표현 놀이가 아닌 작업은 사실상 없다고 할 수 있다. 그럼에도 불구하고 특별히 표현 놀이라고 명명하는 작업에는 앞서 본 모방 놀이, 투사 놀이와는 구별되는 고유한 특성이 있다. 그것은 이미지를 주요 매체로 활용하는데, 일반명사나 추상명사 심지어 관념 등과 같이 보이지 않는 무엇인가를 형상화하여 보고 느끼고 체화할 수 있도록 한다. 대표적으로 물, 공기, 불, 흙의 4원소를 소재로 하는 작업이 여기에 해당한다.

대개 신체 활동이 자유롭지 못한 참여자들은 작업의 시작을 몸풀기 대신 다른 방식으로 진행하는데, 지성 씨 작업은 전반부에는 다음과 같은 흐름으로 구성하였다. 먼저 흥부 놀부처럼 잘 알려진 이야기를 짧고 재미있게 역할 놀이로 진행하면서 인지와 움직임에 대한 자극을 줌으로써 몸풀기를 유도한다. 이 활동의 시작은 표현 놀이 작업으로, 앞서 말한 것과 같이 감각 자극을 위해 신문지로 다양한 소리를 내고 그것에서 연상되는 느낌을 나눈다. 그런 다음 대사나 움직임 없이 오직 소리만으로 함께 이곳 저곳을 여행하는 등, 앞서 진행한 표현 놀이를 확장하여 다양한 방식의 연극을 경험한다.

나는 오랜 시간 침대에 누운 채 지낸 지성 씨를 위해 모두의 동의하에 보조치료사들을 여러 명 모집하여 개인치료가 아닌 집단치료의 규모로 작업을 진행하였다. 청년들과 함께하는 작업은 그 자체만으로도 지성 씨에게 활력을 주었을 뿐만 아니라 회복에도 매우 긍정적인 자극제가 되었다. 이들과 함께 4원소를 소재로 표현 놀이를 할 때, 지성 씨는 어느 때보다도 그 속성을 이해하고 몸으로 표현하면서 깊이 연극에 빠져들곤 하였다. 공기를 통해 추락과 절망을 온몸으로 인식하기도 하고, 물이 되어 행복과 슬픔을 경험하기도 했다. 그런가 하면 달빛을 표현하면서 즉흥으로 사랑의 연극을 하기도 했다.

지성 씨를 통해 알게 된 것은 신체 결함이 있는 환자라 할지라도 그로 인한 마음의 병이 더 큰 문제라는 사실이었다. 표현 놀이 덕분에 어린아이 같았던 지성 씨는 어느 정도 본래 나이의 어른으로 회복할 수 있었다. 후반부로 가면서는 역할 경험과 변신을 위한 연극 활동에 더 많이 치중하였는데, 가장 먼저 달라진 것은 앞서 말했듯이 표정이었다. 바보처럼 해맑게 웃는 대신 점차 진지한 모습을 보이기 시작했다. 그가 가장 좋아하는 역할은 자상한 아버지였는데, 특히 가족과 함께 식사하는 장면을 즐겨 하였다. 아마도 본인이 자식에 대해 실질적인 아버지 노릇을 하지 못한다는 데에서 오는 자괴감 때문인 것 같았다.

지성 씨와 아내 그리고 우리가 함께 정한 목표는 '자신이 처한 현재 상황을 바로 인식하도록 하는 것' 그리고 '여생을 좀 더 현실적으로 살아갈 힘을 얻는 것'이었다. 이러한 목표는 죽음을 마주할 힘이 생길 때 이루어지기도 한다. 하지만 지성 씨는 죽음과 관련된 활동은 일절 거부하였다. 예를 들어, 주인공이 죽는 연극에서는 결코 그 역할을 맡으려고 하지 않았으며, 극을 보다가 주인공이 죽는 장면이 나오자 그냥 나가려고 하였다. 지성 씨가 작업을 안 하겠다고 거부한 것은 그때가 처음이자 마지막이었다.

그러나 몇 번에 걸친 연극을 통해 허구의 이야기 속 인물의 죽음을 연기하기도 하고, 자신이 죽는다면 어떨 것인지 극 활동으로 경험하면서 지성 씨는 우리 작업에서 죽음과 관련된 활동을 더 이상 외면하지 않게 되었다.

그날은 어머니와 관련된 이야기로 죽음 장면을 만들어 보았다. 그는 자신이 말한 대로 어머니 역할을 맡은 치료사가 차마 아들을 두고 떠나지 못하고 애끓어하는 모습을 보더니 갑자기 뒤로 돌아서 눈물을 흘리며 죽고 싶다고 말하는 것이었다. 우리 모두 함께 깊은 슬픔에 빠졌다. 이후 지성 씨는 평소에는 아무 말도 하지 못했던 가족, 특히 아내에게 하고 싶은 속내 이야기를 조금씩 털어놓게 되었다.

지성 씨 가족들 역시 아기 같았던 아빠 표정이 회복되는 것을 보면서 보이지 않는 마음을 어루만지는 것이 얼마나 중요한지 인식하였다. 그렇다고 해서 지성 씨가 다시 정상적으로 사회생활을 할 정도는 아니었다. 안타깝게도 그가 일평생 몰두한 연구는 더 이상 계속할 수 없었으며, 휠체어에서 벗어날 수도 없었다. 하지만 지성 씨는 우리가 목표했던 바와 같이 현실을 인정하고

남은 삶을 비교적 건강하게 살아갈 수 있는 자신감을 회복하였다. 이로써 그를 위한 연극치료 작업을 마무리하였다.

긴 시간 동안 지성 씨와 만나면서 나는 예술 자체가 지니는 치유의 힘에 새삼 감탄하였다. 우리는 현실만으로는 살아갈 수 없다. 잘 먹고 잘 입고 잘 자는 것 못지않게 자연을 즐기고 잠시 상념에 젖어 꿈을 꿔 보는 것도 필요하다. 특히 자신이 보고 느낀 것을 아름답게 표현하는 예술 행위는 우리 삶을 건강하고 윤택하게 하는 것이 분명하다.

표현 놀이는 지성 씨와의 만남, 그리고 그를 위한 연극치료 전체 작업에 물꼬를 터 주었다. 그것이 가능했던 것은 지성 씨가 오랜 시간 병상에 누워 있으면서 일상생활을 영위하지 못하는 대신 특정 감각이 발달하여 그것으로 세상을 이해하였기 때문이다. 만약 그를 모든 기능을 상실한 환자로만 대했다면 우리는 서로를 동등한 입장에서 신뢰할 수 없었을 것이다. 그렇게 되면 자칫 치료가 아닌 교육 또는 훈련으로 갈 수도 있었을 것이다. 신은 한 쪽 문을 닫으면 다른 쪽 문을 연다고 한다. 누구에게나 건강을 회복할 수 있는 길은 존재한다.

## 2) 휠체어를 탄 예술가: 남모르는 불안과 미안함

미안하면 그저 안아 주면 되는데, 움직이지 못하는 게 내 잘못은 아닌데.

기훈 씨는 26세에 사고로 하반신 마비가 되었다. 다치기 일주일 전 그는 아내가 임신하였다는 사실을 알고는 더없이 기뻤다고 한다. 이제는 청춘의 방황을 마치고 아내와 아이를 위해 살기로 정했는데, 뜻하지 않게 큰 사고를 당한 것이다. 하지만 여러 역경을 거치면서 하나님의 도움과 지극정성으로 보살피는 아내 덕분에 새로운 삶을 시작할 수 있었다. 처음에는 재활 목적으로 휠체어 테니스를 배워서 11년 동안 국가대표로 활동하였으며, 현재는 성악가로 유명한 동시에 강연을 통해 많은 사람에게 감동을 주고 있다. 그러나 이따금 번 아웃이 되면 영혼이 지친 것 같고 매우 무기력해져서 아무것도 할 수 없게 된다. 그래서 더욱 행복하고 건강한 삶을 영위하기 위해 연극치료를 의뢰하였다.

기훈 씨는 휠체어를 타고 있을 뿐, 사람들의 시선을 끌 정도로 유창한 언변과 멋진 외모를 지니고 있다. 강연자이자 성악가인 만큼 자기 노출도 어려워하지 않으며 매우 솔직한 데다 인지와 정서 능력 또한 뛰어난 편이었다. 이뿐만 아니라 휠체어 국가대표 테니스 선수로 활약할 정도로 신체 기능도 우수하였다. 물론 사고 후유증으로 인해 잠을 못 잘 정도로 온몸이 아픈 것도 사실이지만, 기훈 씨는 그것을 당연히 감내해야 하는 것으로 받아들이면서 자신과 뜻을 같이하는 팀을 꾸리고 리더로서 잘 이끌고 있다.

기훈 씨의 작업은 총 10회기로 자신을 돌아보는 것을 주목표로 진행하였다. 그는 첫 만남에서 역할 점검표를 작성할 때 '나는 누구인가' 항목에 '완벽주의자'와 '화난 자'로 표기하면서, 자신이 불쑥 화를 내는 것이 문제라고 하였다. 이와 관련하여 아내가 '내면의 아이'를 버리라고 했다고 하고는, 화가 나는 이유가 다치고 난 후 스스로에 대한 존재감이 없어진 듯해서라고 말했다. 기훈 씨는 진심으로 '더 나은 사람'이 되기를 간절히 원했기 때문에 첫 작업부터 진지하게 죽음을 다루기로 했다. 다음은 그와 한 첫 회기 작업 내용이다.

연극치료는 아무리 무겁고 어려운 주제라 할지라도 놀이와 예술로 승화하여 만나게 한다. 죽음도 놀이가 되면 더 이상 공포와 두려움의 대상이 아니라 가볍게 웃어넘길 수 있는 장난처럼, 잠시 쉬었다가 다시 시작할 수도 있는 삶의 한 단면으로 인식하게 된다. 본격적인 작업에 앞서 나는 보조치료사로 아들 역할과 아내 역할을 할 수 있는 두 사람과 함께하기로 동의를 구하였다. 나는 4원소 작업이 자신을 만나는 데 유용하다고 말한 다음, 바람으로 죽음이 되어 보자고 제안하였다. 이는 앞서 말했듯이 전형적인 표현 놀이에 해당한다.

이때 중요한 것은 먼저 공감과 동일시를 통해 제대로 그 존재가 되는 것이다. 이를 위해 참여자 모두 손바닥을 서로 마주 대고 눈을 감고 자신이 죽는 것을 상상한다. 즉, 내 몸에서 영혼이 이

탈하는 것을 진짜처럼 느끼기 위해서 일단 몸을 편하게 이완한 다음 지금의 내 모습을 바라본다. 그런 다음 죽음의 상태에 이르렀다고 생각되면 서서히 손을 떼고 눈을 뜨고 보이는 모든 것을 영혼의 눈으로 바라본다. '바람' 음악을 들으면서 참여자들은 자기 삶과 작별한다. 참여자들은 서로 멀리 선 다음, 지난 삶을 묵묵히 상상하며 돌아본다. 그리고 이별하기에 가장 마음에 걸리는 사람들을 비슷한 이미지의 피규어로 고른 다음, 자신은 바람으로 움직이면서 그 사람들을 만나 본다. 여러 차례 반복하여 하나의 움직임으로 정하고 서로의 모습을 보고 따라 하고 나서 다시 자신의 움직임을 반복하면서 각자 이름을 붙인다.

이처럼 기훈 씨의 첫 작업 시작을 표현 놀이로 진행한 이유는 충분히 신체를 이완하고 몸과 욕구를 인식하여 상상의 예술 세계로 들어오게 하기 위함이었다. 그는 테니스 국가대표일 정도로 신체 단련은 잘 되어 있었지만, 그것은 운동과 관련된 것이기 때문에 상상과는 거리가 있었다. 또한 서로의 동작을 따라 하는 거울 놀이 방식을 통해 참여자 간에 관계 형성을 유도하였다. 하지만 시간과 경험이 부족하였기 때문에, 제대로 죽음이라는 실체가 되기에는 무리가 있었다. 그래서 아직 천국에 갈 준비가 되지 않은 것으로 보인다고 하고는 거꾸로 지나온 인생길을 돌아보기로 하였다.

나는 기훈 씨에게 살면서 '가장 미안한 사람'과 '가장 미운 사람'을 피규어로 선택하여 태어난 시점부터 지금까지의 인생길 안에 놓으라고 했다. 그러고는 그때로 돌아가서 '미안해하는 나'와

| 역할 | 나는 누구인가? | 나는 누가 되고 싶은가? | 누가 나를 가로막고 있는가? | 누가 나를 도울 수 있는가? |
|---|---|---|---|---|
| 아이 | | | | |
| 청소년 | | | | |
| 어른 | | | | |
| 친구 | | | | |
| 미남 | | | | |
| 교사 | | | | |
| 평범한 사람 | | | | |
| 아픈 사람 | | | | |
| 무식한 사람 | | | | |
| 혼란스런 사람 | | | | |
| 예술가 | | | | |
| 비평가 | | | | |
| 현자 | | | | |
| 순결한 사람 | | | | |
| 방관자 | | | | |
| 희생자 | | | | |
| 완벽주의자 | | | | |
| 조력자 | | | | |
| 겁쟁이 | | | | |
| 생존자 | | | | |
| 로봇 | | | | |
| 길 잃은 자 | | | | |
| 반항아 | | | | |
| 연인 | | | | |
| 이기주의자 | | | | |
| 권력가 | | | | |
| 화난 사람 | | | | |
| 아버지/어머니 | | | | |
| 남편/아내 | | | | |
| 고아 | | | | |
| 재벌 | | | | |
| 증인 | | | | |
| 노예 | | | | |
| 자살자 | | | | |
| 불량배 | | | | |
| 영웅 | | | | |
| 가난한 사람 | | | | |
| 의심하는 사람 | | | | |
| 죄인 | | | | |
| 신자 | | | | |
| | (　　) | (　　) | (　　) | (　　) |

[그림 5-1] 역할 점검표

'미워하는 나'를 각각 피규어로 골라 보라고 했다. 처음 선택한 것에 대해 다시 생각해 보자고 했더니 기훈 씨는 난쟁이 인형과 상반신만 있는 인형 두 개를 놓았다.

떠오른 이미지를 피규어로 선택하는 것은 전형적인 투사 작업으로, 동일시와 거리 두기의 결과라고 할 수 있다. 그래야만 사람이나 사물에 대한 형상이 구체적으로 드러나며, 이어서 다른 작업으로 확장할 수 있다. 기훈 씨의 경우 앞서 바람과 죽음, 남겨진 사람을 중점으로 표현 놀이를 경험하였기 때문에 쉽게 투사

(왼쪽부터) 미워하는 나, 미운 사람, 바꾼 나

(왼쪽부터) 미안해하는 나, 미안한 사람, 바꾼 나

작업으로 이어질 수 있었다. 이때 '미안함'이라는 주제를 다룬 것은 표현 놀이에서 그가 아직 남겨진 사람과 이별하지 못하는 것을 보았기 때문이다. 어쩌면 기훈 씨가 나를 찾아온 이유는 바로 이것인지도 모른다.

그래서 이번에는 보조치료사들이 피규어를 대체하여 아내와 아들이라는 실제 역할을 입고 관계와 느낌의 실체를 알아보기로 하였다. 우선 두 사람이 형상화한 이미지를 신체 조각상으로 표현하여 서로에게 어떻게 반응하는지 정지 장면으로 보여 주었다. 여러 차례 수정을 거친 후 이번에는 기훈 씨가 직접 몸으로 형상화하며 표현해 보기로 하였다. 그랬더니 기훈 씨는 "장애 여부와 상관없이 정말 미안했으면 안아 줘야 했는데."라고 말했다. 마지막으로 모두 함께 다시 바람이 되어 마음껏 미안함을 표현하면서 세상을 자유롭고 편안한 마음으로 받아들였다.

기훈 씨 첫 작업은 이처럼 표현 놀이로 시작하여 투사와 모방을 거쳐 다시 표현 놀이로 마무리하였다. 그는 표현 놀이를 통해 움직임과 정지 동작이 얼마나 섬세한 내면을 담고 있는지 인식하였다. 운동이 신체 훈련을 위해 몸의 근육과 관절 등을 움직이는 방식을 습득하는 것이라면, 연극 예술에서 움직임은 정서를 표현하는 도구다. 이를 시작점으로 기훈 씨는 10번 만나는 동안 자신이 화를 참지 못하는 이유에 대해 알아차리고, 자신이 자랑스럽고 멋진 사람이라는 믿음을 회복하게 되었다.

불안과 무기력은 대부분 미래에 대한 막연한 생각에서 온다. 이를 극복하기 위해서는 나 자신을 바로 알 필요가 있다. 기훈 씨처럼 첫 만남에서 여러 단계의 작업을 깊이 있게 경험하기는 쉽지 않다. 그것이 가능했던 이유는 기훈 씨 스스로 문제를 해결하고자 하는 열망이 매우 컸을 뿐만 아니라 나와 보조치료사들을 조금의 의심 없이 믿었기 때문이다. 돌이켜 봐도 기훈 씨는 매 회기의 만남을 나 못지않게 참 기뻐하였다. 연극치료에서 치료사는 참여자를 지켜보며 도울 뿐, 결국 치유와 회복은 참여자 스스로 찾아가는 믿음의 여정이다.

# 4 변신 놀이

## 1) 결혼 후 첫사랑을 잃어버린 부부: 영원한 평행선

사랑은 우리를 속인다. 말하지 않아도 안다고? 천만에. 거듭 말해야 한다. 내가 지금 어떤지.

30대 주부 지민 씨에게 남편 주원 씨는 첫사랑이다. 결혼 전 연애 기간까지 합치면 10년 이상의 시간을 함께했는데 현재 학령 전 아이가 둘이나 있음에도 불구하고 심각하게 이혼을 고려 중이라고 했다. 무엇보다 가치관이 다른 것이 가장 큰 문제인데, 결혼 전에도 사소한 다툼은 있었지만 이렇게까지 극명한 차이가 있을 줄은 미처 몰랐다고 한다.

주원 씨 역시 부부 사이에 문제가 많다는 것을 인지하고 일 년 전부터는 개선을 위해 노력하는 중이다. 하지만 아내가 생각하기에 남편은 전혀 변함이 없고 자신이 무조건 희생하면 그나마 가정이 평안해지는 것 같아서 모든 것을 포기한 상태로 빨리 시간이 흐르기만을 기다린다.

부부 사이는 사실 가까운 것 같으면서도 한없이 멀다. 내 마음을 나보다 더 잘 알아줄 것 같지만, 현실은 전혀 다르다. 흔히 '말하지 않아도 아는 것이 사랑'이라고 오해하는데, 말하지 않아도 아는 존재는 신이지 사람이 아니다. 그러면서 상대에 대해 바라는 것은 점점 더 많아지고, 뜻대로 안 될 때는 자신을 너무 몰라준다고 원망하기 일쑤다. 그렇기에 일심동체인 것 같지만 한 번 돌아서면 남보다도 못한 사이가 되기도 한다.

첫 만남에서 두 사람은 역할 점검표를 통해 상대방이 자신이 생각하는 모습과 다르다는 것을 발견하였다. 또한 남편은 아내에게 이혼을 고려하는 마음이 점점 더 커지고 있다는 사실을 확인하였다. 실상 남편은 이혼하자는 말을 자주 하면서도 진심이 아니었던 반면, 아내는 그 말을 결코 입 밖에 내지 않았지만 내심으로는 남편이 이혼을 원한다는 생각에 갈수록 냉랭해졌다. 두 사람 사이에 오해가 쌓일 대로 쌓여서 일촉즉발의 위기 상황까지 온 것이다. 이들은 무엇보다도 현재 상대방에 대해 있는 그대로 볼 필요가 있었기에, 나는 제일 먼저 거울 놀이를 해 보자고 권하였다.

부부치료에서 첫 회기에 거울 놀이를 할 수 있다는 것은 매우 긍정적인 신호다. 그것은 상대를 볼 수 있고 움직임을 따라 하면서 상대에 대해 느끼고 파악하겠다는 의미인데, 완전히 틀어진 사이에서는 시도조차 하기 어렵다. 부부는 처음에는 긴장한 상태로 어색해하였지만, 차츰 풀어지면서 서로 잘 따라 하였다. 이것을 보면서 두 사람 모두 힘들더라도 관계를 회복하겠다는 의지가 있음을 알 수 있었다.

움직임은 신체의 긴장감을 풀고 편안하게 이완하도록 돕는다.

그런 다음 한 단계 높여서 움직임에 느낌이나 이야기를 담아 주고받는 놀이로 확장하도록 유도한다. 먼저 움직임을 보여 줄 때는 은연중 자신에게 몰입하고, 따라 할 때는 자연스럽게 상대방에게 집중하게 된다. 이처럼 나와 타인 사이를 오가면서 몰입하고 집중하다 보면, 내 몸과 마음이 하나가 된 듯한 느낌을 받는다. 이 상태가 되면 본격적으로 자신의 문제를 인식하고 회복하는 치료의 여정을 시작할 수 있다. 사실 우리는 평소 몸의 중요성을 잘 안다고 생각하지만, 몸이 모든 것을 기억하고 몸을 통해 서로를 인지한다는 점은 간과하기 쉽다. 왜냐하면 생활 속에서 움직이고 운동할 때는 습관적으로 하는 경향이 있기 때문이다.

앞의 기훈 씨 사례에서 보았듯이 운동할 때와 연극 활동할 때 몸을 인식하는 것에는 차이가 있다. 운동에서는 내 몸 자체에 집중하고 근육과 뼈가 어떻게 작동하는지 집중하는 데 비해 연극 활동에서 움직일 때는 느낌과 감정을 수반하는 것에 집중한다. 이 차이를 명확하게 인지하면 자기 몸이 어떤 상태인지 알아차리는 습관을 유지하려고 노력하게 된다. 지민 씨와 주원 씨 모두 이 부분이 취약했던 이유는 평소 누구보다도 책임감과 의무감을 성실히 이행하려고 했기 때문이다. 지민 씨는 공부와 일도 계속하면서 두 아이를 돌보느라 자신을 돌아볼 여유가 없었고, 주원 씨는 직장생활을 하면서도 부동산과 주식 등 가장으로서 책임을 다하기 위해 여념이 없었다.

모든 치료가 그렇지만 특히 부부치료는 적지 않은 시간이 요구된다. 함께 보낸 세월 동안 각자의 행동 패턴과 사고방식이 이미 고착되어서, 곱절의 시간이 걸려도 달라지기 어렵기 때문이다. 그런 데다가 서로에 대한 믿음을 상실했기 때문에, 기대보다는 원망과 분노를 표출하고 싶어 하는 경향이 있다. 따라서 동기부여를 좀 더 확실히 하기 위해서 변신 놀이를 앞당겨서 진행하였다.

변신 놀이는 모방과 투사, 표현을 거쳐 최종적으로 변화 의지를 확인하고 체화하는 단계에 해당한다. 따라서 가장 확실한 '삶의 리허설'이라고 할 수 있다. 이때 역할은 지금까지의 삶에서 익숙해진 문제들을 해결하기 위한 것으로, 대부분 '반대되는 역할(counter-role)'에 해당한다. 이는 로버트 랜디(Robert Landy)가 역할이론에서 말한 내용에 부합한다. 그는 역할과 반대 역할을 통합하여 병존할 것을 권한다. 예를 들어, 나의 문제 역할이 '겁쟁이'라면 그 반대 역할은 '용감한 사람'이다. 문제 역할은 우리 몸 깊숙이 자리한 행동으로 나타나는 데 비해, 그것과 반대되는 역할은 몸에서 찾아내기 어려울 정도로 낯설다. 다시 말해, 겁쟁이

**등으로 말하기**

편안한 자세를 취하고 서로 등을 대고 앉은 다음, 서로를 느끼면서 등의 움직임으로 하고 싶은 말을 주고받는다.

가 내 몸에 배어서 용감한 사람의 행동은 하기 어렵다는 것이다.

역할 병존은 말처럼 쉬운 일이 아니다. 우선 문제 역할을 인지하고 그것과 반대되는 역할이 무엇인지 또 확인해야 하며, 반대 역할을 습득함으로써 역할과 반대 역할 둘 다 익숙해져야 한다. 이때 두 역할을 균형 있게 체득한다는 것은 지나치게 이상적이다. '지나치다'라는 말을 사용한 이유는 최상의 균형인 50 대 50이 되면 자칫 혼란스러워질 수 있기 때문이다. 인생은 결국 선택이다. 따라서 어느 한쪽으로 살짝 기울어져야만 선택이 가능해진다. 이런 이유로 나는 49 대 51로 받아들일 것을 추천한다. 즉, 용감하지만 겁쟁이 혹은 겁이 많지만 용감한 식이 되는 것이다.

제대로 타인이 되기 위해서는 후반부 작업에서 변신 놀이를 다루는 것이 자연스러운 흐름이다. 하지만 이번 경우처럼 초반에 경험하는 것은 특히 동기 부여에 도움이 된다. 또한 참여자가 진정으로 변화하고 회복하기 위해서는 변신 놀이를 작업 중간에 여러 번 다양한 형태로 반복하면서 그들이 어떻게 받아들이는지 주시할 필요가 있다.

이 부부는 작업 초반부인 3회기에 두 종류의 변신 놀이를 한꺼번에 경험하였다. 하나는 실제 사건을 재현하면서 자신이 아닌 다른 인물이 되는 것이며, 다른 하나는 이야기 속 주인공과 같이 허구의 인물이 되는 것이다. 흔히 전자는 심리극으로 후자는 연극치료로 보는 경향이 있는데, 실제로 연극치료 작업을 진행할 때는 이러한 구분은 무의미하며 어떤 목적으로 쓰는지가 더 중요하다. 앞서 에무나의 5단계 통합모델에서 보았듯이 이 두 형태의 변신 놀이는 서로 상호보완작용을 한다. 따라서 가급적 한 회기에 둘 다 진행하는 것이 효율적이다.

첫 번째 변신 놀이로 실제 상황에서 역할 바꾸기를 시도하였다. 집안에서 가장 먼저 일어나는 사람은 엄마인 지민 씨다. 지민 씨는 두 아이를 깨워서 씻게 한 다음 아침밥을 먹여서 등원시킨다. 그러는 사이 아빠인 주원 씨는 밤늦게 잠이 들어 이때까지도 일어나지 않는 경우가 많다. 이 장면을 엄마와 아빠의 역할을 바꿔서 했더니 주원 씨는 잠자는 내가 참 보기 싫었겠다 하는 생각이 들었다고 했다. 반면 지민 씨는 부산한 가운데 누워 있으려니 참 불편하다고 하였다. 하지만 주원 씨는 전혀 불편하지 않았다고 하면서 자신은 밤늦도록 집안의 경제를 위해 신경 쓰느라 매우 피곤하다는 것을 다시 강조하였다.

이번에는 두 사람이 아이 역할을 해 보자고 제안했더니 아빠는 큰아이, 엄마는 작은아이가 되어 보겠다고 하였다. 대신 엄마 역할을 내가 맡아 큰아이와 작은아이를 깨웠다. 이 작업에서 두 사람은 지금까지 아이들이 부모를 보면서 어떤 심정이었을지 구체적으로 생각하지 않았다고 하면서 약간의 자극을 받은 것 같았다.

두 번째로 피노키오 이야기에서 두 사람 다 제페토가 되어 보았다. 이 이야기는 대상에 따라 각기 다른 목적과 방식으로 활용할 여지가 많다. 예를 들어, 나무로 인형을 만드는 작업을 진행하면서 감각을 깨우기도 하고, 인형의 움직임을 따라 하면서 몸에 대해 알아차릴 수도 있다. 이번 부부 작업에서는 돌봄과 사랑받음을 경험하기 위한 목적으로 진행하였다. 이때 제페토 할아버지로 변신하는 데 중점을 둔 이유는 앞서 경험한 극에서 아이에게 부모로서 잘하지 못한 것일 수도 있다는 자기 인식을 보완하기 위함이었다. 따라서 충족감을 투사하기 위한 상황을 의도적으로 설정하였다.

먼저 목수인 제페토가 가장 편안하게 생활하는 공간을 꾸밀 때 자신의 취향을 그대로 반영하여 최대한 만족스러운 형상으로 만들도록 하였다. 그래서 서로의 공간을 탐색하면서 자신과 다른 점을 발견함과 동시에 상대방이 흡족해하는 것이 무엇인지 보도록 하였다. 이것이 취향에 대한 충족감이라면 또 다른 충족감은 보살피는 노인이라는 역할을 통해 경험하였다. 부부는 아직 젊지만 두 아이를 양육하는 부모이기 때문에, 피노키오 인형을 돌보고 자기 일을 성실히 수행하는 제페토가 됨으로써 잠시나마 스스로 만족하면서 행복할 수 있었다.

이 부부가 경험한 변신 놀이는 현실과 허구라는 엄연히 다른 세계에서 전개되는 상황이지만, 기실 같은 인물이 행동하기 때문에 그 사람의 생각이 그대로 투영된다. 만약 이들이 작업 안에서 솔직하지 못하다고 판단하였다면 이처럼 이르게 변신 놀이를 진행하지 않았을 것이다. 부부의 문제는 가족 관계가 복잡하게 얽혀 있다는 것을 간과해서는 안 된다. 여기에는 물론 그들의 원가족, 즉 시부모와 장인, 장모도 있지만, 그보다는 아이에게 주목해야 한다.

주원 씨가 만든 제페토의 공간

지민 씨 공간

앞서 영민이의 사례에서 보았듯이 아이는 부모의 기운을 먹고 자란다. 그들은 말없이 눈과 귀를 열고 부모를 지켜보면서 혼자 상처를 받기도 하고 혹여나 버려질까 두려워한다. 첫 번째 변신 놀이에서 이들에게 아이들 역할을 해 보도록 한 것은 이 때문이다. 이 부부는 솔직하고 진지하게 작업에 임하면서 어른들이 무심코 벌이는 상황이 아이에게 치명적일 수 있다는 사실을 새삼 알아차렸다.

나는 이 작업을 통해 다시금 이들의 변화 욕구를 확인할 수 있었다. 또한 그들이 각자의 모습으로 가정을 얼마나 사랑하는지 알 수 있었다. 이는 그들이 만든 공간에서도 확연히 드러난다. 주원 씨의 경우, 가정을 돌보는 든든한 울타리가 되고 싶은 마음이 담겨 있다. 지민 씨는 실제 작업에 쓸 자잘한 물건들을 챙겨 놓은 것으로 보아 가정을 세세하게 돌보는 주부의 마음을 엿볼 수 있었다.

새삼 강조하지만, 연극치료 작업은 말로만 하는 것이 아니라 실제로 움직이면서 느끼는 몸을 중심으로 이루어진다. 이러한 경험은 작업 안에서 충분한 자극제가 된다. 하지만 변화와 회복은 의지를 수반하여야 한다. 오랜 시간 서서히 병든 우리 몸과 마음이 회복되기 위해서는 곱절의 시간이 필요한 것이 자명하다. 어쩌면 연극치료는 이를 위한 도발 수준에 그칠 수도 있다. 두 사람이 진정한 회복과 변신에 도달하기까지는 적지 않은 굴곡이 반복되겠지만, 사랑하는 아이들이 성장하는 모습을 보면서 부모 역할에 충실히 최선을 다해야 할 것이다.

## 2) 세상에서 숨고 싶은 소녀: 무력감의 끝판왕

 학교 가기 싫다. 숨이 막힌다. 나는 할 수 있는 게 아무것도 없다.

18세 주아는 두 자매 중 장녀로, 어릴 때부터 부모님의 관심과 사랑을 듬뿍 받으며 자랐다. 그런데 언제부터인가 학교에 가기 싫다고 하기 시작했다. 부모님은 주아가 잠시 그러다가 잘 다닐 거라고 예상했지만 갈수록 등교 거부가 심해져서 치료를 의뢰하게 되었다.

첫 만남에서 주아는 별다른 증상을 보이지 않았다. 하지만 역할 점검표를 실시하였더니 뜻밖에도 네 가지 항목에 표시한 역할이 거의 없었다. 이는 그 어떤 것에도 일절 관심이 없다는 것을 넘어서 살아 있어도 살아 있지 않은 '좀비'와도 같은 심리상태를 대변하는 것이기도 하다. 그런데 특이하게도 주아는 역할 목록에 좀비가 있음에도 불구하고 표시하지 않았다.

얼핏 보기에 주아는 유난히 학교에 가기 싫어하는 것 외에는 별다른 문제가 없는 것 같았다. 그 나이 또래 아이 대부분이 그렇듯이 밖에서는 친구들과 친하게 지내다가도 집에 오면 방에 들어가서 말없이 핸드폰만 보고 시간을 보냈다. 하지만 작성한 역할 점검표로 보면 주아는 예상외로 심각한 상태일 수도 있었다. 무엇보다 주아는 현재 자신이 무엇을 좋아하고 싫어하는지조차 모를 정도로 무감각의 마비 상태에 있는 것 같았다.

나는 주아에게 연극치료를 시작하자고 제안하면서 오래 걸릴 수도 있다고 했다. 주아와 함께 온 아버지도 동의하였고, 나는 앞으로 만나면서 지켜야 할 몇 가지 약속에 대해 미리 설명하였다. 이것은 일률적으로 규정된 것이 아니다. 기본적으로는 어느 정도 동일한 내용도 있지만 대부분 참여자에 따라 각기 다른 항목들로 이루어진다. 예를 들어, '약속 시간 지키기' '숙제 꼭 하기' 등은 공통 항목이다. 그리고 참여자의 특성에 따라 달라지는 항목들은 다음과 같다. 많이 긴장한 참여자의 경우에는 '최대한 편안하기', 자기 말만 하고 싶어 하는 참여자는 '잘 듣기' '먼저 느끼기' 등을 제안한다. 주아에게는 '모든 작업에서 최대한 경험하고 그 느낌을 말하기'를 제시하였다.

연극치료 첫날, 주아는 거울 놀이, 자석 놀이, 감각 놀이 등 일대일로 하는 모방 놀이를 잘 따라 하였고, 경험한 것에 대한 느낌도 솔직하게 말하였다. 주아는 어떤 순간 불안했는지 그리고 어떤 순간 상대방의 동작을 이해하기 어려웠는지 자신이 느낀 대로 이야기했다. 특히 싫은 것이 무엇이냐고 물었더니 학교 가는 것 자체라고 하면서 수업이 시작되면 답답해진다고 하였다. 그래서 주아가 가장 힘들어하는 현재 문제, 왜 학교 가기 싫은지를 탐색하기로 했다.

연극치료 작업에서 참여자가 말한 '힘든 문제'는 어느 정도 작업 환경에 익숙해지고 치료사와의 신뢰가 형성되었을 때 다루는 것이 효과적이다. 그런데 주아의 경우에는 부모가 적극적으로 지지하는 환경에서 자라서인지 곧바로 이와 관련한 작업을 할 수 있을 것 같았다. 예상대로 주아는 기꺼이 그 제안에 동의하였다.

우리는 주아가 학교에 가는 상황을 재현하기로 하였다. 학교를 향해 걸어가는 주아는 조금 전과는 완전히 다른 사람이 되어 다리를 질질 끌면서 천천히 움직였다. 그러고는 교실 문을 열더니 순간 얼어붙었다. 분명히 허구 속 연극 공간이었는데도 주아는 실제로 교실 안에 있는 것처럼 숨 쉬는 것조차 힘들어하였다. 보조치료사가 교사의 역할로 등장하여 수업을 시작하는데, 주아는 "답답하고 도망가고 싶다."라고 하였다. 특별히 싫은 친구가 있냐고 묻자, 친구들이 딱히 싫은 것은 아니고 그렇게 된 계기조차 모르겠다고 하였다. 그저 교실에 들어가기만 하면 숨이 막히고 벗어나고 싶은 생각만 든다고 하였다.

주아가 느끼는 외부의 물리적 환경, 즉 교실과 학교의 분위기는 분명한 실체다. 하지만 형체가 없기 때문에 주아는 단지 심리적으로 압박받는다고 느낀다. 따라서 그 상황을 보조치료사가 실

같은 공간이지만 낯선 그곳이 나는 힘들어

제로 공격하는 살아 있는 물체로 형상화한 다음, 그 대상과 주아가 직접 부딪쳐 보기로 하였다. 주아를 바닥에 눕게 한 다음 보조치료사가 주아 주변을 맴돌며 공격하였더니, 주아는 정면으로 누워 가슴과 목이 눌릴 때 평소 자신이 느끼는 것과 가장 유사하다고 하였다.

주아에게 이번에는 그 느낌에 저항해 보라고 했다. 보조치료사가 주아의 팔과 몸을 압박하자 주아는 벗어나려고 움직이다가 울음을 터뜨렸다. 주아는 충분히 울고 나서 "눈을 감고 학교 가는 상상을 할 때 그 상상조차 하기 싫었어요. 수업 시작할 때도 나가고 싶었지만 그러지 못했고요. 몸이 눌릴 때 슬펐지만 이길 수 없다는 생각이 들었어요."라고 말했다.

평소 주아가 느낀 무력감은 가기 싫은 학교에 가야만 한다는 압박감으로 드러났는데, 그 이유도 정확히 몰라서 제대로 이야기하지 못했기 때문에 더욱 무기력해진 것으로 보인다. 다른 사람들이 보기에 학교는 아무런 문제가 없다. 도리어 학생들을 위해 최상의 수업을 제공하는 이상적인 교육 기관이다. 다만 주아에게는 여러 복합적인 문제가 켜켜이 쌓여서, 그것이 학교 자체로 투사되어 도저히 넘을 수 없는 큰 산이 된 것이다.

앞서 말했듯이 첫 회기에 '힘든 문제'를 다루는 작업을 하는 것은 극히 드문 경우다. 힘든 문제란 에무나의 5단계 가운데 4번째 '최절정 연기'에 해당한다고 볼 수 있다. 주아와 학교는 도저히 풀 수 없는 애증의 관계라고까지 할 정도가 되었는데, 이것을 첫 회기에 꺼낼 수 있었던 것은 첫 만남에서 신뢰 관계가 형성되었기 때문이다. 주아와 아버지가 함께 왔다는 사실 또한 긍정적으로 작용하여서, 치료사와 참여자 그리고 보호자 모두 주아의 회복을 위해 모든 것을 함께 공유할 준비가 되었음을 확인하였던 것이다.

첫 회기는 주아에게 혼자서 끙끙 앓던 문제를 비로소 타인으로부터 공감받은 소중한 경험이 되었다. 이를 계기로 우리는 앞으로 해야 할 것들을 하나하나 함께 정할 수 있었다. 지금까지 뭔지 모르지만 나를 공격하는 것을 이길 수 없어서 슬프고 무력해졌다는 것을 알게 된 주아는 이제 공격을 당한다는 느낌에서 방향을 바꾸기로 했다. 즉, 학교생활에서 최대한 많은 것을 얻기 위해서는 어떻게 해야 하는지 생각하기, 학교 안에서 순간순간 싫다는 느낌이 들 때의 상황이 구체적으로 무엇인지 명확히 알기 등을 목표로 정했다.

작업을 시작한 지 얼마 지나지 않아, 주아는 학교 가는 것이 이제는 크게 괴롭지 않다고 말할 만큼 빠르게 회복되어 갔다. 그리고 학교에서 이미 좋은 프로그램을 많이 체험했기 때문인지 모방과 투사, 표현 놀이도 능숙하게 따라왔다. 그래서 변신 놀이를 다양하게 경험할 수 있었다. 주아도 지민 씨 부부처럼 피노키오 이야기로 극 활동을 진행하였는데, 이번에는 피노키오 원래 이야기에 중점을 두었다.

먼저 이 세상을 만든 신이 되어 자신 있게 걸어 본다. 제대로 신이 된 다음 잘못을 저질렀기 때문에 인간 세상으로 떨어지는데, 그 이유가 무엇인지 고백한다. 주아는 능력을 과시하다가 주

서로 제페토와 피노키오 나무가 되어 보는 참여자

변 사람들을 다치게 한 죄로 벌을 받는다. 씨앗이 되어 땅에 떨어진 주아는 나무로 다시 태어난다. 이때 어떤 곳에 어떤 나무로 태어나는지 생각한다. 주아는 꽃이 피어 있는 언덕에 열매가 주렁주렁 달린 나무로 자란다.

이번에는 역할을 바꾸어 제페토가 되어 본다. 주아는 혼자 사는 목수로 주변에서 인정받고 손님도 많이 찾아온다. 집 안에 멋진 의자를 만들어 놓고 앉아서 시간을 보낸다. 지금까지는 주아와 보조치료사가 각자 동시에 신과 나무, 제페토의 역할로 변신하였고 이제부터는 두 사람이 서로 제페토와 피노키오가 되어 즉흥극을 해 본다. 먼저 제페토가 된 주아는 친구와 함께 나무를 보러 가고 맘에 쏙 들어서 그 나무를 가져오기로 한다. 나무는 자기를 데리러 와 줘서 고맙다고 흥분해서 떠든다. 톱으로 자르려고 하니까 나무는 아프니까 살살해 달라고 요구하고 제페토는 그 요구를 다 들어준다. 나무가 호들갑스럽게 떠드는데도 제페토는 일일이 다 반응한다. 피노키오가 된 나무는 학교에 가고 싶다고 조른다. 제페토는 거기 가면 친구들이 놀려서 상처받을 수 있다며 매우 걱정스럽게 말하지만, 피노키오가 계속해서 학교에 가겠다고 우기자 이내 수락한다. 하지만 학교 교장이 피노키오는 사람이 아니어서 받아줄 수 없다고 거절한다. 저런 애를 누가 받아주겠느냐, 쟤는 적응도 못 할 것이라고 하자 피노키오는 바닥에 누워서 학교에 다니고 싶다고 울며 떼를 쓴다. 제페토 역할의 주아는 성실하게 피노키오의 입장을 대변하며 잘할 수 있다고 교장을 설득하였고 입학이 허가된다. 이에 학교에 가는 날 제페토는 가방과 공책, 연필을 준비해 주면서 학교에서 잘 적응해야 한다고 거듭 걱정하며 말한다.

이어서 역할을 바꾸어 보조치료사가 제페토로, 주아가 피노키오로 변신한다. 이 제페토는 톱으로 나무를 자르는 대신 뿌리째 뽑아 데리고 온다. 피노키오로 만들면서 그 나무 열매에서 나온 씨앗을 심으며 네 친구가 금방 자랄 거니까 안심하라고 한다. 인형을 다 만든 다음 제페토가 인형과 닮은 아들을 그리워하며 같이 살 수 있으면 얼마나 좋을까 한탄하자 피노키오가 갑자기 "할아버지!"라고 부르며 이제 자신이 함께 살 수 있다고 위로해 준다. 제페토가 피노키오에게 하고 싶은 것이 있냐고 묻자 아무것도 없다고 한다. 제페토는 자신도 피노키오와 함께 바다를 바라보는 것이 가장 좋다고 말한다. 이후 제페토는 신이 나서 아직 움직이지 못하는 피노키오를 데리고 마을 산책을 나섰으나, 사람들은 제페토가 미쳐서 나무 인형을 사람처럼 대한다고 떠들어댄다. 제페토는 분노하며 피노키오 앞에서 쓸데없는 소리 하지 말고 꺼지라고 말하고는 집으로 돌아가서 피노키오를 토닥여 재운다. 천사가 찾아와서 피노키오에게 움직이고 싶은지 묻자 피노키오 주아는 움직여서 할아버지와 함께 살고 싶다고 말하고 천사는 소원을 들어준다.

주아는 즉흥극 안에서 무려 네 가지 역할, 즉 '신–나무–피노키오–제페토'로 살아 보았다. 이처럼 하나의 이야기에서 여러 역할로 변신하는 것은 쉽지 않다. 잘못하면 가짜로 흉내 내기만 할 수도 있고 미처 역할에서 벗어나지 못해 여러 모습이 중첩될 수도 있다. 따라서 치료사는 역할을 입고 벗을 때 세심하게 보살펴야 한다. 연극치료 작업 안에서 역할을 연기한다는 것은 짧은 순간일지라도 그 역할과 제대로 만나 동일시와 거리 두기를 하는 것이 필요하다. 그래야만 역할을 통해 자신을 알아차릴 수 있다.

현재 일시적인 어려움에 봉착한 주아는 부모의 사랑을 듬뿍 받고 자란 티가 난다. 그래서 신이 되라고 했을 때 쉽게 큰 존재로 설 수 있었고, 이어서 벌을 받아 세상에 내려가 씨앗이 될 때도 수긍하며 변신하였다. 그런 다음 제페토가 되어 안정과 편안함을 경험하는 것까지는 일인극의 형식으로 진행하였고, 이어서 피노키오와 제페토로 서로 변신하여 상대의 행동에 따라 어떻게 반응하는지 즉흥극을 해 보았다. 이것이 수월하게 가능했던 것은 방금 말했듯이 주아의 자존감이 높았기 때문이다.

일반적으로 자존감이 낮은 아이들은 무엇보다 신이나 영웅같이 큰 존재가 되기 어려워한다. 그리고 다양한 역할을 만나도 한정적인 모습만 드러난다. 물론 주아에게서도 학교라는 문제가 머릿속에서 떠나지 않고 있는 것을 확인할 수 있었다. 하지만 그 외에도 외로운 사람을 외면하지 못하고 다정하게 보살피는 성향이 그대로 드러났다. 이뿐만 아니라, 밝고 쾌활하며 자신이 해야 할 일이라고 생각하면 앞뒤 가리지 않고 하는 강한 면모도 볼 수 있었다.

우리의 삶은 공간에서 벌어진다. 그래서 기억 속에 공간은 반드시 남아 있다. 하지만 그것은 내가 투사된 것이지 여간해서는 공간 자체가 문제되는 것은 아니다. 다시 말해, '어느 시점 어디에서'도 중요하지만 '그때 누군가'와 있었는지가 더 핵심이다. 이 작업 후 주아는 자신이 힘들었던 이야기를 솔직히 털어놓았고, 우리는 그 장면을 반복 재현하면서 상황을 정리할 수 있었다. 주아는 처음 예상했던 것과 다르게 10회기 만에 스스로 학교에 갈 힘을 얻었고 미래를 꿈꿀 수 있게 되었다. 그 결과의 90%는 전적으로 부모의 지극한 사랑 덕분이었다.

서두에서 밝혔듯이 연극치료는 그 자체로 놀이다. 일상과 분리되어 꿈을 꾸게 하는 공간인 연극은 놀이의 핵심 요인을 다 갖추고 있다. 그런데 그 놀이는 역할 놀이다. 다른 예술과 달리 연극은 삶과 유사하지만, 실제가 아닌 꿈같은 무대에서 역할로 살기 때문이다. 모든 치료의 핵심은 '자신을 아는 것, 이해하는 것,

돌보는 것'이다. 이를 역으로 보면 자기 자신을 미처 모르고 이해하지 못하거나 스스로 돌보지 못할 때 아프다는 것이다. 그렇게 되면 나뿐만 아니라 나를 둘러싼 사회에서도 문제가 발생한다. 문제가 부각되는 것은 내가 맡은 역할을 잘 수행하지 못했기 때문이다.

역할에는 이처럼 건강한 삶인지 아닌지 입증할 수 있는 주요 기능이 내재한다. 따라서 연극치료는 역할을 어떻게 활용할 것인지가 관건이 된다. 그리고 작업 안에서 직접적으로 역할을 다루는 만큼 효과성 또한 구체적으로 드러난다. 이를 위해 나는 연극치료의 놀이를 모방과 투사, 표현 그리고 변신의 네 가지 형태로 살펴보았다. 행위의 관점으로 보면 모방 놀이는 '보고 듣다, 움직이다, 어울리며 찾다'라고 할 수 있다. 투사 놀이는 '경험으로 알아차리다', 표현은 '경험으로 드러내다', 마지막으로 변신 놀이는 '벗어나고 변화하다'에 해당한다.

이 네 가지 형태의 놀이는 각각 다르지만 서로 겹치기도 한다. 모방에는 이미 투사가 포함되고, 때로는 표현이 주를 이루기도 한다. 변신에는 투사와 모방이 함께하며 그 자체로 표현이기도 하다. 하지만 각각의 놀이는 뚜렷한 목표를 지향한다. 모방 놀이를 통해서 우리는 타인과 다른 나를 알고, 자신을 볼 수 있는 힘이 생긴다. 투사 놀이는 기억 속 나와 만나도록 이끌어 준다. 표현 놀이는 다른 사람들에게 나를 있는 그대로 보여 주도록 한다. 그리고 변신 놀이를 통해서 우리는 비로소 문제에서 벗어나 새롭게 시작할 수 있다.

이처럼 나를 잘 알기 위해서는 거듭 강조하듯이 타인이라는 존재가 필수적이다. 많은 경우 우리는 나의 역할과 반대되는 역할을 타인에게서 찾는다. 그 역할을 진정한 내 것으로 만들기 위해서는 '역지사지(易地思之)'가 가장 좋은 방법이다. 그런데 이것이야말로 가장 하기 어려운 일이다. 역지사지, 즉 상대방과 처지를 바꾸어 제대로 그 사람이 되어서 생각하려면 나라는 존재를 다 비워야 한다. 하지만 그 누가 자신을 통째로 버릴 수 있겠는가? 무엇을 해도 거기에는 내가 들어 있기 마련이다. 따라서 평범한 우리는 타인을 최대한 내 안에 받아들이고 그를 가장 그답게 이해하려고 노력할 뿐이다. 이를 위해 연극치료에서는 네 가지 형태의 놀이를 제공한다.

이때 관건은 참여자와 치료사가 최대한 빨리 솔직해지는 것인데, 연극치료의 성패는 바로 이 솔직함에 달려 있다고 해도 과언이 아니다. 치료사는 어떻게 참여자와 만나는 것이 도움이 되는지 거의 본능적으로 네 가지 형태의 놀이 가운데 하나를 최우선으로 선택한다. 말하자면 모방 놀이는 가장 기본이 되는 것이지만, 움직임을 거부하거나 잘 하지 못하는 참여자에게는 처음 작업으로 적절하지 않다. 앞서 보았듯이 재활의학병원의 환자들과 투사 놀이를 먼저 한 이유는 이 때문이다. 이는 또한 치료 환경과도 연관된다. 병석에 오래 누워 있었던 지성 씨와 기훈 씨가 초기에 표현 놀이로 깊이 들어올 수 있었던 것은 집단이 아닌 개인 작업이었기 때문이다. 두 작업 다 보조치료사가 두 명 이상 함께 하였지만, 참여자가 느끼기에 모두 자신에게만 집중한 덕분이었다. 모든 치료가 그러하듯이 연극치료는 참여자 맞춤으로 진행해야 한다. 이를 위해 잘 보고 잘 놀 줄 아는 것, 그것이 바로 치료사가 갖추어야 하는 기본 역량이다.

# 제3부

# 경험하기

## 연극치료를 놀이로 경험해 보자

## 연극치료를 놀이로 경험해 보자

제3부 '경험하기'는 연극치료를 놀이로 경험하는 실제 작업을 설명한다. 여기에서는 짧은 희곡을 어떻게 놀이 중심 연극치료 작업으로 전개하는지 다룬다. 이를 위해 선택한 작품은 최인훈의 희곡 『첫째야 자장자장 둘째야 자장자장』인데, 그 이유는 매우 짧으면서도 완성도와 깊이가 탁월한 작품이기 때문이다. 또 다른 이유로, 문학 작품을 매체로 연극치료 작업을 할 때 어떤 방식으로 전개하는지 이해하기 쉽기 때문이다.

제6장 '첫째야 자장자장 둘째야 자장자장'에서는 참여자들과 네 가지 형태의 놀이를 어떻게 진행하였는지 설명하고, 각 작업에 대해 참여자들이 어떻게 경험하고 인식하였는지 스스로 작성한 일지를 첨부하여 이해도를 높인다.

이로써 '이해하기 – 만나기 – 경험하기' 3부를 통해 '놀이로 만나는 연극치료'에 대해 알아 가는 과정이 그 자체로 힐링이자 즐거움이기를 바란다.

제6장

# 첫째야 자장자장 둘째야 자장자장

이 장에서는 최인훈의 희곡 『첫째야 자장자장 둘째야 자장자장』으로 연극치료 작업을 진행하는 내용을 다룰 것이다. 다음은 희곡 일부이다.

### 첫째야 자장자장 둘째야 자장자장

산길을 가는 세 사람
어머니는 젊고 아이 둘은 꼬마들이다
모퉁이에서 호랑이가 나온다
**호랑이: 어흥, 네 새끼 한 마리 내놓아라**
**엄마: 여기 있다 가져가라**
엄마, 꼬마 하나를 내준다
호랑이, 꼬마를 잡아먹는다
두 모자, 걸음을 다그쳐 달아난다

한참 가다가 다른 모퉁이 호랑이 또 나타난다
**호랑이: 네 새끼 한 마리 내놔라**
**엄마: 여기 있다, 가져가라**
엄마, 꼬마 하나를 내준다
호랑이, 꼬마를 씹지도 않고 꿀꺽 삼킨다
엄마, 걸음을 다그쳐 달아난다

호랑이 식곤증이 나서 잠을 잔다
두 꼬마가 호랑이 아가리를 벌리고 나온다

**꼬마 1: 빨리 가자**
**꼬마 2: 응, 빨리 가자**

(중략 – 아이들이 달아나는 데 다람쥐, 까치, 도토리, 나무가 응원한다.)

꼬마들 집에 닿는다
마루에 호랑이와 엄마가 앉아 있다
엄마 호랑이를 쳐다보며 웃는다
엄마의 머리가 호랑이가 된다
엄마의 가슴이 호랑이가 된다
엄마 치마 밑으로 긴 꼬리가 나온다
엄마는 호랑이가 됐다

〈계속〉

호랑이는 엄마를 만져 준다.

바자울 너머 숨어서 보던 두 꼬마 달아난다

호랑이들, 이쪽을 쳐다본다

호랑이들, 어흥 따라온다

(중략 – 아이들은 엄마에게 썩은 밧줄을 내려 줄지 성한 밧줄을 내려 줄지 고민하며 달린다.)

**꼬마 1: 네가 말해**

**꼬마 2: 네가 말해**

아무도 정하지 못해

네가 말해 네가 말해

나무에 올라가기 전에 정해야 할 일을

네가 말해 네가 말해

서로 정하지 못해

큰 나무가 있어서도

그냥 지나쳐

달리기만 한다

호랑이와 호랑이

어흥어흥 쫓아온다

깊은 산속 오막살이

달 밝은 한밤중

**엄마: 첫째야 첫째야 가위눌리는구나**

**꼬마 1: 음음.**

**엄마: 둘째야 둘째야 가위눌리는구나**

**첫째, 둘째: 엄마 엄마**

**엄마: 엄마 예 있다 엄마 예 있다**

**첫째, 둘째: 엄마 엄마**

**엄마: 엄마 예 있다 엄마 예 있다**

이윽고 방 속은 다시 조용해지고

마당에 가득한 달빛

『첫째야 자장자장 둘째야 자장자장』은 우리가 잘 아는 설화 『해와 달이 된 오누이』를 차용한다. 설화를 보면 호랑이가 밤늦게 떡을 팔고 귀가하는 엄마를 먹어 치우고, 아이들마저 잡아먹으려고 집에 가서 엄마인 척 변장하고 문을 열어 달라고 한다. 하지만 영리한 오누이는 엄마가 아니라는 것을 알고는 꾀를 써서 호랑이를 피해 하늘로 올라가 썩은 동아줄을 내려서 호랑이를 죽게 하고 해와 달이 된다. 이 이야기가 많은 사람의 사랑을 받

는 이유는 누구나 좋아할 만한 권선징악을 담고 있는 데다가 더할 나위 없이 만족스러운 결말로 끝나기 때문이다. 먼저 이야기 속 엄마는 우리가 잘 아는 대로 오직 자식을 위해 헌신하고 희생하는 사랑의 아이콘이다. 그런 엄마를 해친 나쁜 호랑이는 수수밭에 툭 하고 떨어져서 죽게 되니까 통쾌하기 이를 데 없다. 게다가 오누이는 하늘에서 해와 달을 주관하는 신분으로 격상하는, 고진감래(苦盡甘來)와도 같이 멋진 결말 덕분에 더더욱 만족스럽다.

그런데 희곡은 기존 이야기의 흐름을 유지하는 것 같으면서도 처음부터 어딘지 모르게 낯설게 느껴진다. 특히 이상한 것은 호랑이에 대한 엄마의 태도다. 첫 장면에서 젊은 엄마와 아이 둘은 산길을 가고 있는데, 아니나 다를까 호랑이가 나타나 새끼 하나 달라고 한다. 그런데 엄마는 무심히 아이 하나를 내어 준다. 다시 길을 가는 두 사람 앞에 호랑이가 또 등장하고 이번에도 엄마는 아무렇지도 않게 아이를 주고는 퇴장한다. 두 아이는 잠든 호랑이 아가리를 벌리고 나와서 달아나고, 다람쥐와 까치, 도토리, 나무가 어서 가라며 엄마가 지나갔다고 알려 준다. 가까스로 도착한 집 마루에 엄마가 앉아 있는데 놀랍게도 호랑이와 함께 있다. 자세히 보니 엄마 치마 밑으로 호랑이 꼬리가 나온다. 엄마는 호랑이가 된 것이다. 아니, 어쩌면 엄마는 처음부터 호랑이였을지도 모른다. 아이들이 놀라 달아나는데, 이를 본 호랑이 두 마리가 어흥거리며 쫓아온다. 하지만 아이들은 있는 힘껏 달아나면서도 하늘에 올라가 엄마에게 썩은 동아줄을 내릴지 굵은 동아줄을 내릴지 결정하지 못한 채 서로 미루면서 뱅뱅 돌기만 한다. 그때 엄마가 가위눌렸냐면서 아이들을 깨운다. 그것은 모두 한낱 꿈이었던 것이다! 꿈에서 깨어난 아이들은 다정한 엄마를 확인하고 다시 편히 잠이 든다. 마당에는 달빛만 가득하다.

희곡 제목은 마치 엄마가 아이를 토닥이며 재우는 자장가를 연상케 한다. 독자들은 그 모습을 떠올리며 읽기 시작하다가 뭔지 모르게 흘러가는 전개에 당혹감을 느낀다. 그러다가 마지막 장면에 이르러서야 비로소 그것이 아이들이 꾼 꿈이었다는 것을 알게 되고, 희곡 속 아이들처럼 한순간에 마음을 놓는다. 꿈은 본래 예측 불가한 것이니까 어떤 일이든 벌어질 수 있다. 하지만 그럼에도 불구하고 여러 의문이 생긴다. 대체 왜 꿈에서 엄마는 조금의 망설임도 없이 아이들을 차례로 호랑이에게 준 것일까? 어떻게 엄마가 호랑이랑 마주 앉아 있으며, 심지어는 호랑이가 될 수 있을까? 이뿐 아니다. 아무리 아이라고 할지라도 그런 현장을 목격하면서도 왜 말 한마디 못하고 달아나야 했을까? 하물며 이미 호랑이가 되어 버린 엄마인데도 아이들은 무엇 때문에 썩은 동아줄과 굵은 동아줄 사이에서 고민하는 걸까? 과연 최인훈이 보여 주고자 한 것은 무엇일까?

어릴 때 나는 엄마가 나를 버릴까 봐 걱정하고 무서워하던 기억이 있다. 초등학생 3학년이었을까, 학교에서 돌아온 나는 낮잠을 자다가 문득 깼는데 집에 아무도 없는 것을 알았다. 모두 나를 두고 떠났다는 생각에 서러움이 복받쳐 올라 대성통곡을 하였다. 때마침 엄마가 시장에서 돌아왔고, 그때야 나는 비로소 눈물을 그치고 안심했다. 이 사건은 오랫동안 내 마음에 남아서 그 후로도 나는 가끔 엄마가 나를 버리면 어떡하나 조바심을 내곤 하였다. 이 희곡은 이러한 내 기억을 상기시키는데, 그것은 엄마와의 분리불안이다.

우리는 누구나 예외 없이 인생에서 두 번의 큰 버려짐을 경험한다. 첫 번째는 멋모르고 경험하는 물리적인 사건, 즉 엄마 배에서 나오는 탄생의 순간이다. 이것을 기억하는 사람이 거의 없다뿐이지, 이때 우리는 모두 산고의 고통을 뚫고 나와 새로운 세상을 맞이한 것이다. 그리고 두 번째는 관념적인 것에 해당하는데, 성인식 또는 결혼식처럼 아이에서 어른이 되는 통과의례와도 같은 사건이다. 출생이 엄마의 몸 '안'에서 '밖'으로 나오는 것인 만큼 타자인 엄마와 내가 관련된 일이라면, 후자는 돌봄을 받는 아이의 처지에서 성장하여 스스로 책임질 수 있는 사회인이 되는 것이므로 나 혼자만의 몫이다. 이 두 경험의 공통점은 아이가 자신의 전부였던 엄마라는 존재로부터 떨어져 나온다는 것이다. 이것을 거치면서 우리는 사회 구성원으로서의 책임감을 감당할 수 있는 힘을 얻는다.

희곡으로 돌아가 보자. 등장인물은 단출하게 가족인 엄마와 아이, 그리고 바깥세상의 파괴자 호랑이와 조력자 동식물이다.

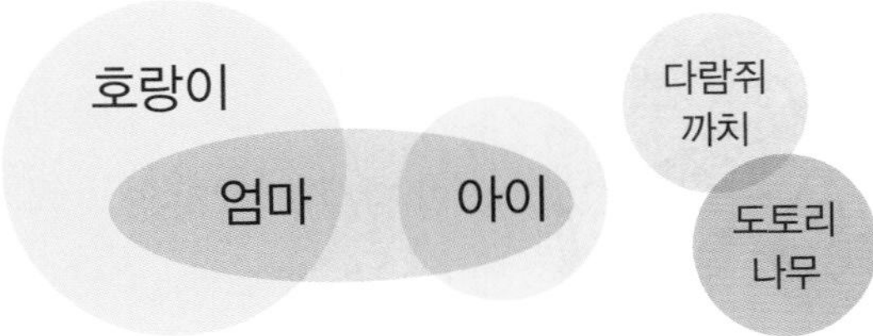


이들은 무대에 다음의 순서로 등장하고 퇴장한다.

엄마와 두 아이 + 호랑이 —— 엄마와 한 아이 + 호랑이 —— 두 아이 + 다람쥐 + 까치 + 도토리 + 나무

〈도입〉 〈상승〉

호랑이와 엄마 + 두 아이 —— (꿈)//(현실) 엄마와 두 아이

〈정점〉 〈하강〉 〈결말〉

장면의 흐름으로 보면 아이들이 파괴자 호랑이에게 잡아먹히고 나서 다시 살아나는 장면은 도입부에 해당한다. 그리고 엄마가 호랑이가 되는 장면을 정점으로 하여 그 전과 후로 상승과 하강을 나눌 수 있다. 동물인 다람쥐와 까치, 식물인 도토리와 나무가 아이들에게 도움을 주는 장면이 상승에 해당하고, 하강은 아이들이 호랑이들로부터 도망치면서 망설이는 장면이다. 이 사이에 있는 정점은 아이들이 엄마가 호랑이로 변하는 것을 보는 장면이다. 이것이 아이들에게 얼마나 충격적인지, 이어지는 하강 장면에서는 상대적으로 길고 어찌할 바를 모르는 안타까움이 묻어난다. 꿈에서 달아나야만 하는데도 다리가 움직이지 않아서

데우스 엑스 마키나(Deus ex machina)
'기계에 매달린 신'이라는 뜻의 그리스어로, 극이 갈팡질팡하면서 난국에 처할 때 신이 등장하여 모든 문제를 해결하는 것을 말한다. 오늘날에는 '터무니없는 결말'을 뜻하는 용어로 쓰인다.

한 발짝도 떼지 못할 때 얼마나 당황하고 무서운지! 이때 아이들이 망설이는 것은 비단 엄마에게 내려줄 썩은 동아줄과 굵은 동아줄의 문제만이 아니다. 분명 두 눈으로 엄마가 호랑이가 된 것을 보았음에도 불구하고 엄마가 아니라는 생각은 감히 하지도 못하고 여전히 엄마인 것 같은 마음이 드는 것은 어쩐 일일까? 그래서 누가 결정하여 말할 것인지 서로 미루기만 한다. 버려짐이라는 상처란 그 누구에게도 쉽지 않은 일이다.

그런데 다행스럽게도 이야기는 행복한 결말로 끝난다. 마지막에 아이들이 잠에서 깨어나 그 모든 일이 꿈이었음을 알고 안심하는 것은 마치 '데우스 엑스 마키나'처럼 터무니없는 결말로 볼 수도 있다. 하지만 이 마지막 장면이 작품 전체를 아우르는 핵심이라고 생각된다. 이는 희곡의 제목에서부터 드러난다. "첫째야 자장자장 둘째야 자장자장."은 엄마가 아이에게 하는 말이다. 그것은 아이를 향한 엄마의 무한한 사랑을 뜻하며, 우리는 그 소중한 기억에 힘입어 어떤 어려운 역경도 헤쳐 나갈 수 있는 것이다.

『첫째야 자장자장 둘째야 자장자장』은 세상에서 가장 짧은 희곡 가운데 하나일 것이다. 우리나라 최고의 극 시인이라 불리는 최인훈은 이 작품을 통해 인생 전반에 걸쳐 가장 중요한 것, 즉 버려짐과 죽음에 대한 공포, 이와 상반되는 삶에 대한 애착, 그리고 이 모든 것에 깔린 사랑을 간결하게 응축하여 보여 준다. 더욱 놀라운 것은 대상들을 호랑이와 동식물로 형상화하였다는 점이다.

우리나라에서 호랑이는 '자연의 거칠고 큰 힘을 상징하는 존재'다. 호랑이는 '산신령'으로서, '무섭고 위험한 존재인 동시에 산의 크고 신성한 힘을 상징하는 존재로 사유'되어 왔다. 민화를 보면 호랑이와 노인이 함께 있는 그림이 많은데, 이는 "한 존재의 두 모습이라 할 수 있다. 노인은 사람을 살리고 보호하는 자비로운 힘을 나타낸다면, 호랑이는 사람을 공격해서 죽일 수 있는 파괴적인 힘을 상징한다. 자연의 상반된 두 얼굴이다"(신동흔, 2023: 93).

희곡 속 엄마는 양육자로서 '노인', 즉 크고 신성한 힘을 지닌 '산신령'과도 같지만, 이는 한쪽 면에 불과하다. 그것이 모든 것을 집어삼키는 파괴적인 호랑이와 하나가 될 때 거대한 자연의 근본적인 속성이 완성된다. 진정한 사랑은 이와 같다. 만약 엄마가 아이를 품에 끼고 보호하고 사랑하기만 한다면 그 아이는 속된 말로 사람 구실하기 어렵다. 어른이 되기 위해서는 엄마, 즉 가정의 돌봄과 보호로부터 나와서 자기 힘으로 세상과 부딪쳐야 한다.

때로는 죽을 만큼 힘들지만 돌아보면 도움을 주는 존재들이 적지 않다. 최인훈은 이처럼 우리를 둘러싼 자연, 다시 말해 살아가면서 겪어야 하는 숙명과도 같은 상황을 형상화한다.

희곡은 연극 공연을 위한 작품이기에 연극치료의 실제 작업을 위한 좋은 소재가 된다. 특히 이 작품과 같이 짧고 간결한 데다가 완성도가 높은 경우에는 더욱 유용하다. 이제부터 이 작품을 어떻게 네 가지 형태의 놀이로 활용하였는지 알아볼 것이다. 총 9명의 참여자는 모두 여성으로 연극치료 전문가들이다. 그들은 자신의 문제를 돌아보고 회복할 힘을 얻기 위해서, 그리고 이 희곡을 가지고 어떤 방식으로 작업하는지 배우고 싶어서 자원하였다. 따라서 모두 연극치료에 대한 기본 소양이 충분한 만큼, 쉽지 않은 작업을 각 놀이 중심의 4회기로 진행할 수 있었다. 상자 안의 글은 참여자들이 경험하고 성찰한 내용을 직접 쓴 것이다.

# 1 1회기: 모방 놀이

집단 작업의 첫 회기이므로 먼저 역할 점검표를 작성하여 각자 지금 문제 역할이 무엇인지 스스로 검토하였다. 참여자들은 '나는 누구인가' '나는 무엇이 되고 싶은가' '누가 나를 방해하는가' '누가 나를 돕는가'의 4영역에 표시한 항목 가운데서 골라 평범한 사람, 화난 사람, 노예, 신자 등이라고 답하였다. 전체 작업을 어떻게 진행할 것인지 대략 설명한 다음, 희곡을 함께 읽고 나서 이야기에서 끌리는 인물이 누구인지 물었더니 엄마, 호랑이, 아이, 다람쥐, 나무 등이라고 답하였다. 다음에 나오는 글은 한 참여자가 역할 점검에 관해 쓴 일지다. 참여자들은 자신이 경험한 작업에 대해 성찰한 내용을 작성하였으며, 실제 작업의 효과를 이해하는 데 도움이 되기에 그들의 동의를 얻어 첨부하였다.

역할 점검표를 진행하는데, 오랜만에 해 보는 거라 기대되는 마음이 있었다. 나에게 나오는 역할에 여전히 완벽주의자가 있었다. 조금 달랐던 것은 '현재의 나'라고 인식한 것이라는 점이다.
예전에는 완벽주의자가 '방해하는 자'였는데 어느새 내가 나의 이런 모습을 인정한 건가 싶었다. 완성한 문장은 이러하다. "완벽주의자(거울)는 이기주의자(포크)가 되고 싶은데 겁쟁이(솜)가 가로막고 있고 반항아(라이터)가 도와줄 수 있다." 이것을 보자마자 나는 아직 실패하는 것에 두려움이 있다는 것이 느껴졌다. 별명도 이야기를 만들어 보지 않았어도 어떤 느낌인지 와닿았다. 포크가 되고 싶은 거울. 거울을 라이터로 지지면 포크가 될 수 있을까? 그래도 예전처럼 막막한 느낌은 들지 않았다. 이제 나의 문제점을 바라볼 줄 아는 힘이 있고, 사실은 내가 어떻게 해야 하는지도 아는 것 같다. 그 문제를 어떻게 내가 극복해 나가야 하는지가 요즘 나의 큰 고민이기도 하다.

-A의 일지-

참여자 간에 신뢰 관계를 형성하기 위해 공간을 다니면서 서로 인사하였다. 친한 사람도 있지만 낯선 사람들도 있어서 방금 고른 역할로 자신을 소개하면서 서로를 알아갔다. 그러고는 눈을 감고 다니다가 누군가와 부딪치게 되면 그 사람을 조심스럽게 만져 보았다. 이때 지켜야 할 약속을 미리 정했는데, 머리와 어깨, 등, 팔, 손 등만 만지기로 하고 한 사람이 만지면 상대는 그 사람이 만지는 손길을 충분히 느낀 다음 서로 역할을 바꾸어 반복하기로 하였다. 이 작업을 통해 참여자들이 서로를 진지하게 알아 가는 것 같았다.

공간을 돌아다니며 한 명씩 만나 선택한 역할과 되고 싶은 역할을 소개했다. 역시나 내 역할을 소개할 때 남들과 다른 것 같아서 부끄러웠다. 하지만 반복하면서 조금씩 부끄러움이 무디어지는 것을 느낄 수 있었다. 눈을 감고 부딪치는 몸을 가만히 쓰다듬는 작업을 했다. 터치, 타인과 물리적으로 가까워지는 걸 싫어하는데, 이날은 왠지 타인의 손이 위로의 손처럼 느껴져 하마터면 울음을 터뜨릴 뻔했다. 몸과 몸이 접촉하고 있는 장면이 마치 내가 사람들에게 안겨 있는 느낌이 들어 큰 위로가 되었다.

-B의 일지-

충분히 웜 작업을 마친 다음, 각자 원하는 공간에 자리하고 자신이 선택한 문제 역할과 이야기 속 역할을 합쳐서 신체 조각상을 만들었다. 다른 사람들은 어디에서 어떤 모습으로 있는지 보면서 왜 그런지 마음이 끌리는 조각상 하나, 그리고 이해가 잘 되지 않는 조각상 하나를 각각 골랐다. 그리고 나서 3인 1조가 되어서 각자 선택한 역할이 가장 잘 드러나는 움직임을 보여 주고, 다른 사람들은 그것을 따라 하면서 서로에 대해 충분히 이해하기로 했다.

눈 감고 다니는 모습

3인 1조 조각상

3인 1조 모방 놀이

다음으로 집단에서 가장 이해가 되지 않는 조각상이 어떤 것인지 다수결로 정하고 나서, 그 사람의 행동을 모두 따라 하였다. 참여자들은 행동을 따라 하다 보니까 자연스럽게 그 인물을 이해하게 되었다고 하였다.

가장 이해되지 않는 조각상으로 다수가 A의 조각상을 꼽았다. 그래서 A의 조각상 동작을 모두 함께 따라 해 보았다. 모호해 보였던 조각상이 움직이기 시작하자 조금씩 이해가 되기 시작했다. 여러 동작을 따라 해 보고, 그중 자신과 비슷한 것과 비슷하지 않은 것을 찾아 보았다. 나는 비슷한 것이 너무 많았다. 그만큼 이해되고 공감한다는 뜻일 것이다. 완벽주의자라고 했던 A의 성향이 내 안에도 꽤 크게 자리 잡고 있어서라고 생각한다. 다른 사람들도 자신과 비슷한 것을 찾아내며 비로소 공감을 할 수 있게 되었다. 신체 표현을 모방하며 그 사람을 온전히 이해할 수 있다는 사실이 감탄스러웠다. 새로운 경험이었다.

-B의 일지-

첫 회기의 마지막으로 희곡 전체에 대한 이해를 돕기 위해서 지극히 사실적인 극과 환상적인 극으로 나누어 원하는 역할을 맡아 극 활동을 하였다. 이는 참여자들이 현실의 역할과 환상의 역할로 행동할 때 어떻게 달라지는지 알아보기 위함이었다. 몇몇은 상황에 따라 적절하게 변신하였고, 현실인지 환상인지 구별할 수 없을 만큼 내내 같은 모습을 보여 준 참여자도 있었다.

집단이 한 사람의 행동을 따라 하는 모방 놀이

이 회기에서 진행한 모방 놀이는 두 가지다. 3인 1조가 되어 한 사람씩 행동하고 따라 하는 방식과, 한 사람의 행동을 나머지 전체가 따라 하는 방식이다. 모방은 모두가 좋아하는 놀이다. 다른 사람의 행동을 따라 할 때 자신은 드러나지 않아서 편하고, 역으로 자기 행동을 누가 따라 하는 것을 볼 때 뭔가 대단한 존재라도 된 것처럼 즐거워진다. 이를 차츰 확장하면서 반복하다 보면 집중하고 몰입하게 되는데, 동시에 다른 사람을 이해하게 되고 그 주변까지 보게 된다. 이처럼 "모방 행동은 세상을 이해하고 이를 자신의 것으로 만들 수 있는 방법이며, 나를 둘러싼 세상에서 '나'를 경험할 수 있는 방법이다"(Johnson, Pendzik, & Snow, 2013: 349).

# 2 2회기: 투사 놀이

오늘은 투사 놀이를 중점적으로 경험하기로 한다. 누누이 강조하였듯이 투사는 연극치료에서 매우 중요한 기법으로, 언뜻 생각하기에는 단순하게 자신의 내적 표상을 밖으로 꺼내 확인하는 것이라고 여길 수 있다. 하지만 내면과 외부를 연계하여 알아차리기란 쉽지 않다. 따라서 다양한 방식으로 여러 번 반복하는 것이 도움이 된다. 이번에는 희곡 작품의 배경, 주변 인물들, 핵심 인물의 세 단계로 실행한다.

웜 작업

먼저 몸과 마음을 풀기 위해 2명씩 짝을 지어 서로의 손끝이 맞닿을 정도로 팔을 뻗어 음악을 들으면서 서로의 기운을 느끼며 따라가거나 이끌어 온다. 그러고 나서 참여자들은 희곡의 주요 등장인물을 제외하고 배경 속 존재를 선택한 다음, 그 인물이 있을 법한 공간에 가서 자리한다. 내가 희곡을 읽으면 그들은 각각 바위, 나무, 까치, 뱀 등의 역할이 되어 집중하여 들으면서 주요 인물들이 어떻게 극 속에서 행동하는지 상상하며 지켜본다. 이때 그들 중 누구에게도 감정이입을 하지 않고 방관자의 입장에서 바라본다.

두 번째로 엄마와 아이 중에서 먼저 하고 싶은 역할을 선택하고 실제로 그 인물로 살아 본 다음, 역할 수행을 하면서 왜 그런지 마음에 걸리는 장면을 골라 그때 어땠는지 글로 쓴다. 같은 방식으로 또 다른 인물이 되어 살아 본 다음, 마찬가지로 마음에 걸리는 장면을 골라 그 인물로서 어땠는지 글로 쓴다.

희곡 속 등장하지 않는 역할을 맡아 방관자로서 이야기를 들었다. 나는 아이의 역할이 더 와닿았고 엄마와 호랑이를 이해하려고 애를 썼다. 실제로 아이가 되었을 때는 엄마의 감정이 심상치 않았지만 묻지 않았고, 어디를 가는지도 묻지 않았다. 마음 한편으로는 두렵기도 했지만, 다른 한편으로는 엄마를 믿고 싶었다.

– 아이의 입장에서 1인극을 하고 난 후 적은 글

[가정폭력, 아동학대를 당하고 있는 주인공]

어느 날 엄마는 무언가를 다짐한 듯하지만 슬퍼 보이는 얼굴로 나와 내 동생의 손을 잡고 집 밖을 나섰다. 나는 낯선 주변을 경계하면서도 엄마에게 어떤 물음도 하지 않고 끌려가듯 걸었다. 호랑이가 나타나 나를 먼저 잔인하게 잡아먹었다. 이때 호랑이는 아버지로, 내가 학대당하는 이미지가 그려졌다. 호랑이의 배 속은 학대당한 뒤 아픈 부위를 움켜쥐고 깜깜한 방 안에 혼자 있는 느낌이다. 그렇게 긴 시간을 혼자 보내다 호랑이가 동생을 잡아먹고, 나와 동생은 통증을 느끼며 어두운 방 안에서 손을 붙잡고 서로에게 의지한다.
호랑이는 식곤증으로 잠이 들었고 나와 동생은 호랑이 입이 방문으로 오버랩되자 열고 나선다. 조심히. 호랑이가 깨지 않게 살금살금 걸어 도망친다.
이때, 엄마를 찾아 주변을 둘러보는데 이웃인 다람쥐와 나무, 새가 엄마의 위치를 알려 준다. 그렇게 엄마를 찾은 순간 호랑이가 된 엄마를 보고 나는 알아차렸다. 사실, 엄마도 아빠보다 덜할 뿐 같은 가해자란 사실을……. 쿵쾅거리는 심장을 뒤로한 채 나는 얼른 동생의 손을 붙들고 달린다. 그리고 동아줄이 내려오길 간절히 빈다. 호랑이는 썩은 줄을 붙잡아 수수밭에 떨어져 죽는다. 우리는 엄마가 함께 가지 않길 바라며 어떠한 행동도 취하지 않고 바라만 본다.
엄마의 1인극을 하고 났을 때 이기적인 존재이지만 실제 내가 같은 상황이어도 크게 다르지 않을 거라는 생각이 들었다.

– 엄마의 입장에서 1인극을 하고 난 후 적은 글

엄마인 나는 무엇 때문인지는 모르지만 괴로운 하루하루가 반복된다. 나는 이 괴로움을 멈추기 위해 아이 둘과 집을 버리고 떠난다. 아니 도망이다. 아이들은 이상한 느낌이 든 표정이지만 내게 묻지 않는다. 사실 난 너무 무섭다.
아니나 다를까, 호랑이에게 들키고 만다. 첫째가 잡아먹힌다(폭력). 둘째라도 살리기 위해 발걸음을 재촉한다. 한참을 달렸는데……. 다시 호랑이와 만난다. 둘째도 잡아먹힌다. 나는 살고 싶다. 도망친다. 어디로 가야 할지 모른 채 무작정 달린다. 호랑이에게 잡힌다. 역시 이 굴레에서 빠져나올 수 없다. 나는 잡아먹히지 않기 위해 호랑이에게 웃으면서 최선을 다한다. 이 모습을 아이들이 봤다. 나는 아이들에게 배신감보다 더한 상처를 주었다. 아이들은 살기 위해, 아니 나로부터 도망친다. 호랑이는 썩은 동아줄로 죽었다. 나는 더 이상 따라갈 수 없다. 너무도 미안하다.
내가 찾은 문제 역할은 '괜찮은 척하는 사람', 문제행동은 '억압'이다.

-C의 일지-

이번에는 모두 엄마 역할을 제대로 입기로 한다. 이를 위해 장면마다 엄마가 어떻게 행동하는지 구체적으로 이야기해 준다. 꿈속에서 엄마는 실제와 너무 다른 존재다. 호랑이에게 조금의 망설임도 없이 자식을 던져 준다. 그러고는 꼬마들이 집에 가서 보니 자신을 삼킨 호랑이와 애정 행각을 벌인다. 심지어 호랑이가 된 엄마는 꼬마들을 무섭게 쫓아온다.

처음에는 아이들의 손도 잡지 않고 간다. 꼬마들이 너무 귀찮다. 그러다 한 명 겨우 잡고, 나중에 막내를 끌어당겨 잡고 간다. 아이들 때문에 제대로 걸을 수 없어 불편하다.
호랑이를 만났다. 첫째를 망설임 없이 쉽게 호랑이 입 속으로 던져 준다. 둘째가 나를 더 세게 끌어 붙잡는 바람에 도저히 갈 수가 없다. 또 호랑이를 만났다. 둘째를 던져 주고 싶은데 떨어지질 않는다. 기어코 무거운 납덩이같이 매달린 아이를 온몸으로 끌어안아 호랑이 입 속으로 던진다.
나는 도망간다. 몸이 가볍고 가뿐해서 날아가는 기분이다. 그래도 가끔 뒤를 돌아본다.
집에 왔다. 너무 좋아 대자로 누웠다. 호랑이가 왔고 호랑이와 나는 하나가 되었다. 나는 호랑이가 됐다. 아이들이 왔고 어슬렁거리며 아이들을 잡으러 간다. 쫓아가는 움직임이 매우 느리다. 요놈들 결국 잡힐 거라면서 내 힘을 느끼며 아주 여유를 부리기도 한다.
그러다 다시 빨리 움직인다. 아이들을 찾아 이리 뛰고 저리 뛰고 하는데…….
아이들이 너무나 걱정된다. 벽에 부딪히는 순간 나는 호랑이에서 다시 엄마가 된다.
실제로 엄마 역할을 입기 전, 고민이 되기도 했다. 과연 나는 어떻게 할까. 아이들을 내어 주는 것 자체가 이성적으로 판단이 잘 되지 않았다. 하지만 이건 꿈이다. 흘러가는 대로 해야지 생각하고 꿈속으로 들어간다. 엄마가 된 다음의 움직임은 한 치의 망설임도 없었고 모든 것이 자연스럽게 흘러갔으며 몰입이 되었다. 아이들을 호랑이에게 내어 주는 순간 나는 그런 나의 모습에 내심 놀라기도 했지만, 전혀 마음의 동요나 죄책감은 없었다. 오히려 나는 열심히 최선을 다해 호랑이에게 내어 주었다. 그리고 호랑이와 둘이 만나면서 호랑이를 만지고 호랑이와 동일시되면서 나는 나의 힘을 느낄 수 있었고 너무나 행복하고 기뻤다. 세상을 다 가진 기분이었다.
아이들이 돌아왔을 때도 별로 개의치 않았다. 오히려 놀이처럼, 아이들을 겁주려는 심보로 뒤쫓는다. 겁을 줄수록 재미있다. 코너에 몰고 기다리기도 한다. 호랑이가 된 나는 온갖 현실에서 짊어진 것들을 집어삼켜 버리고 자유와 힘을 쟁취한 상태처럼 느껴졌다. 소소한 것들은 중요하지 않았고 지금 내가 힘이 있음을 느끼고 누구도 날 위협할 수 없다는 것이 중요했다. 내 존재가 주변 것들에 휩쓸리지 않고 정말 단독적으로 존재하는 느낌이었다. 하지만 다시 빨리 달리고 움직이며 아이들을 찾으면서 나는 점점 현실의 나로 돌아왔다. 내 눈빛이 느껴졌다. 온갖 염려와 근심과 불안으로 아이들을 찾아 헤매는 눈빛으로 말이다.

-D의 일지-

3인 1조가 되어 지금까지 경험한 내용을 나누면서 아이로서 경험한 자신의 문제를 솔직하게 이야기한다. 마지막으로, 문제라고 생각되는 것을 조각상으로 표현하면 다른 두 사람이 그 역할의 조력자와 방해자로 조각상을 만든다.

내 조각상은 주저앉아 손을 벌리고 안아 달라고 떼를 쓰는 아이의 모습이다. 징징대며 안아 달라고, 나를 알아 달라고 조른다. 이런 모습은 나의 유년 시절 모습이다. 난 말이 많았고 울보였고 늘 징징댄다고 혼이 났다. '방해자'는 내 앞에 팔짱을 끼고 한심하다는 눈빛으로 한숨을 쉬며 쳐다본다. '너를 어쩌니'라는 눈빛으로 너무나 익숙한 눈빛이다. '조력자'는 내 앞에 서서 사탕을 보여 주며 나를 달래듯, 유인하듯 한다. 나는 사탕을 보고 좋아서 덥석 잡는다. 사탕은 일시적으로 나의 징징거림을 무마시키는 것이기도 하고 나의 입을 막으려는 것이기도 하다. 그래도 징징대는 나를 비난하지 않고 차라리 달콤한 것으로 입을 막고 달래는 것이 나는 좋다.
사실 나는 어린 시절 엄마가 나를 귀찮아하는 것을 순간순간 발견하고 느끼면서도 그것을 부정하면서 자랐다. 실제로 엄마의 눈길은 오빠에게 쏠려 있었다. 그래서 엄마가 된 지금의 나는 '내가 딸을 귀찮아하나?'란 생각이 들면 굉장한 죄책감에 사로잡힌다. 하지만 사실 난 귀찮음을 느낄 때가 있다.
오늘 호랑이를 하면서 양가적인 엄마의 모습에서 내가 억압해 왔던 나쁜 엄마의 모습을 해 볼 수 있어서 사실 너무 좋았다. 양가적인 모습이 나쁜 것은 아니다. 도덕적인 관습에 젖어 모성에 대해 우린 너무 과대한 포장을 하고 있는 것은 아닐까. 다시 한번 생각해 봐야 한다. 그림자는 도덕적인 가치의 잣대에 눌려서 억압된 순수한 본성일 수 있다.

-D의 일지-

투사는 쉽게 할 수 있는 작업인 것 같지만 깊은 성찰로 이어지는 데에는 여러 단계를 거치면서 반복할 필요가 있다. 예를 들어, 글과 그림은 대표적인 투사 작업이므로 연극 활동을 어려워하는 사람들을 초반부에 몰입하도록 하는 데에는 효과적인 매체로 작용한다. 하지만 마음속 깊은 그것과 맞닥뜨리기까지는 은유 기법이 효과적이다. 즉, 의미의 확장이라는 뜻이다. 처음 밖으로 꺼낸 이미지로 단번에 알아차리기는 쉽지 않다. 따라서 그것을 눈으로 보면서 또 자극을 받고 그림으로써 또 다른 이미지를 끄집어내는 것을 반복한다. 연극학자 리처드 코트니(Richard Courtney)는 이것이 '상상 작용'이며 '이미지와 이미지화'라고 설명한다. 이미지가 이미지화한다는 것은 그것이 자극제가 되어 또 다른 이미지로 움직인다는 말이다. 이처럼 이미지가 구체화하여 드러나는 것은 어떤 식으로든 우리 몸을 거쳐야만 가능하다. 이 회기에서 먼저 극 경험을 한 다음 글쓰기를 진행한 것은 이 때문이다. 이때 각자 일인극으로 하도록 한 것은 자신이 생각하는 대로 경험하도록 하기 위함이다. 만약 여러 사람이 각각의 역할을 맡아 극 활동을 한다면 자연스럽게 어떤 행동에 대한 반응이 일어나기 때문에 자기 생각과 다르게 전개될 수 있다.

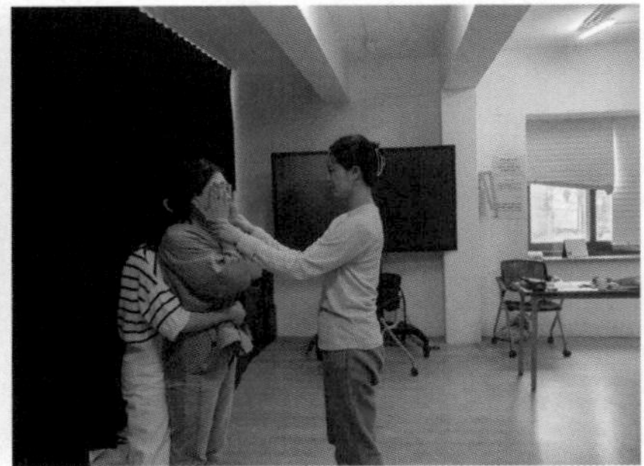

3인 1조의 주인공-조력자-방해자 조각상

# 3 3회기: 표현 놀이

희곡이 4막극일 경우 핵심이 되는 정점은 대부분 3막에 있다. 이러한 흐름은 연극치료 과정에서도 마찬가지로 유효하다. 그래서 이번 회기에는 먼저 그동안 경험한 것에 대한 소감을 나눈 다음, 오늘 진행할 표현 놀이가 어떤 것인지, 최인훈 희곡이 말하고자 하는 핵심이 무엇인지, 나는 참여자들에게 어떤 것을 제공할 것인지 등을 이야기한다. 색 부직포와 도화지를 사방에 펼쳐 놓는다. 자신이 좋아하는 색을 골라 그 위에 맨발로 서서 그 색이 몸으로 흡수되는 것을 느끼고 나서, 다른 좋아하는 색으로 가서 같은 방법으로 경험한다. 3개에서 5개 정도를 고른 사람들은 이번에는 자신이 싫어하는 색을 두세 개 골라 같은 방법으로 색과 하나가 되는 것을 경험한다.

지금까지가 색 위에 그냥 서서 한 것이었다면 방금 고른 색 위에 다시 올라가서 느껴지는 대로 움직여 본다. 자신이 고른 색을 같은 방식으로 움직인 다음에는 색과 무관하게 자유로이 움직여 보면서 어떤 자연물과 하나가 된 것처럼 느껴지는지 찾는다. 참여자들은 바다, 하늘, 나무, 공기, 크고 작은 파도, 깊은 바다, 대서양, 솟대 바위, 바람, 나무 등이 되었다고 말한다.

이번 시간의 주제는 '표현'이다. 생각해 보면 나는 표현에 대한 부담감이 늘 있었던 것 같다. 그런데 어느 순간 표현이 나를 좀 더 가볍게 해 주고 즐길 수 있는 활동으로 느껴지기 시작했다. 그래서 이번 시간에 어떤 표현을 할지 설레고 기대되는 감정이 컸다. 어떤 것이든 흐름에 맞춰 따라가면 자연스레 표현이 이뤄지고 있지 않을까 하는 생각이 들었다.
처음 표현의 시작은 색이었다. 바닥에 깔린 다양한 색을 보면서 하나하나 내 온몸으로 그 색을 느껴 보는 시간을 가졌다. 사실 이 작업을 여러 번 해 봤지만, 그 색을 온전히 입어 본다는 경험을 해 보지는 못했다. 그래서 이번에는 한번 해 보자는 생각으로 시도해 보았다. 가고 싶은 색깔로만 갈 때 나는 파스텔 톤의 색들로만 가고 있었다. 하지만 색을 입는다는 느낌을 못 받던 찰나, 살구색 위에 섰는데 이상하게 '이건데?'라는 생각이 들면서 확 감싸지는 느낌이 들었다. 너무나도 마음이 편안해지고 이질감이 들지 않았다. 이 색깔이 주는 힘이 나에게 엄청 긍정적으로 다가왔다. 그래서 한참을 살구색 위에서 있었다. 꼭 살색으로 나와 정말 한 몸이 되어 있는 것 같다는 생각이 들 정도였다.
다섯 가지의 색을 모두 경험한 다음 이번에는 가장 가고 싶지 않은, 싫은 색깔로 가 보았다. 눈에 가장 먼저 보였고 꺼려졌던 것은 붉은색이었다. 크기도 가장 컸고 색이 검붉은색이었다. 그 위에 올라서니 늪에 들어온 것 같았다. 피처럼 느껴지고 또 끈적끈적한 느낌으로 나를 잡아끌고 못 가게 막는 것 같았다. 밑으로 한없이 빠져 버릴 것 같은 느낌이었다. 그 외에는 그만큼 강렬하고 싫은 느낌을 주는 색이 있지 않았다.
색깔을 경험해 본 뒤 한 번 더 그 색깔들을 다시 짧게 모두 경험하는 시간을 가졌다. 그리고 이를 이제 자연물로 표현해 보았다. 처음에는 바다였다. 근데 그냥 바다가 아니라 엄청 넘실넘실 큰 파도가 계속 일어나는 바다였다. 바다라기보다는 계속 움직이는 파도와 더 비슷해서 파도로 정했다. 신나게 움직였던 것 같다. 내 몸이 그만큼 따라 주지는 않았지만 나름대로 자유롭게 움직였다. 나는 몸치라서 움직일 때마다 뚝딱거리는 느낌이 들지만 요즘 마음만큼은 '자유롭다'고 느껴지는 것 같다. 오히려 내 자유로움이 몸에 갇힌 듯한 생각까지 든다. 조금 더 신체 표현력이 풍부해졌으면 하는 욕구가 생긴다.
-A의 일지-

최인훈 희곡을 다시 혼자 경험한다. 잠자리에 든다. 그런데 꿈을 꾼다. 희곡 속 원하는 인물이 되어 실제 꿈을 산다. 희곡대로 연기한 다음 다시 잠자리에 든다. 이때 엄마 목소리가 들린다. "첫째야 첫째야 가위눌리는구나, 둘째야 둘째야 엄마 예 있다, 엄마 예 있다. 이윽고 비추는 달빛." 모두에게 지금 어떤 느낌인지 생각하라고 하고, 그래서 최인훈이 말하려는 작품의 핵심이 무엇인지 묻는다.

꿈속에서 나는 호랑이가 되어 아이를 표적물로 삼고 주변에서 어슬렁거리며 몰래 쳐다보다가 점점 더 가까워져 잡아먹는 것을 목표로 했다. 그래서 아주 살짝살짝 발걸음도 안 들리게 조심스레 다가갔는데 이상하게 다가가면 다가갈수록 내가 왜 잡아먹어야 하지? 라는 생각이 들어오기 시작했다. 내딛는 발걸음마다 다가가서 어떻게 하지? 하는 고민이 깊어졌다. 아이에게 다가가서 나는 끌어안는 동작을 취했다. 꼭 품에 안는 것 같이. 잡아먹는 시늉은 했으나 절대 잡아먹지 않았을 것이다. 그러고는 꿈에서 깼다. 이 꿈을 꾼 것에 대해 무서움이 컸다. 내가 왜 호랑이가 됐지? 나는 왜 아이를 잡아먹으려고 했지? 하면서 공포가 확 다가왔다. 이때 들려온 엄마의 말에 바로 안도감이 들기 시작했다. "가위 눌렸구나, 엄마 예 있다 엄마 예 있다." 엄마가 옆에 있다는 말에 '아 꿈이구나, 다행이다, 옆에 엄마가 있네.' 안도감, 안전함을 느꼈다. 이것은 결국 '사랑'을 말하기 위함이라는 말을 듣고 나도 겪어 왔던 사랑의 경험이기에 바로 납득이 갔다.

-A의 일지-

이 작품은 버려짐에 관한 내용인데 앞서 보았듯이 궁극적인 핵심은 사랑이다. 아이는 가장 사랑하는 엄마가 행여나 자기를 버릴까 봐, 자기를 싫어할까 봐 두려워한다. 어릴 적 그런 망상을 하다가 울음을 터뜨리면 엄마가 웃으면서 달래 주고, 그러면 안도감을 느끼고 '엄마가 사실은 나를 사랑하는구나.' 하고 생각하게 된다. 최인훈이 말하려는 것이 바로 이것이다. 엄마의 사랑. 그것을 온전히 이해하기 위해서는 버려짐의 공포를 거쳐야 하는 것이라고.

따라서 참여자들은 사랑에 대해 어떻게 인식하는지 알기 위해 사랑받음과 사랑함으로 나누어 경험하기로 한다. 먼저 사랑해 달라고 하는 조각상을 만들기 위해서 자신이 숨기고 싶은 감정을 느낀다. 수치심, 질투, 살의 등등. 이것들을 느끼면서 나를 사랑해 달라는 몸짓을 해 본다. 그런 다음 3인 1조로 묶어서 한 사람이 사랑해 달라는 움직임을 하면 나머지 사람들은 이에 대한 반응으로 사랑해 주는 동작을 하기로 한다. 그랬더니 상대로부터 사랑한다는 느낌을 받은 사람보다 그렇지 않은 사람이 더 많다. 이번에는 역으로 한 사람씩 사랑한다는 동작을 취하면 나머지 사람들은 결코 사랑받을 수 없는 동작을 취한다. 이때 다치지 않는다는 원칙을 지키면서 다가가서 만지거나 공격하는 것도 허용한다. 이 작업을 통해 참여자들은 사랑을 표현한다는 것이 얼마나 어려운 일인지 알아차린다.

이후 사랑을 다른 방식으로 경험한다. 인생길의 변형으로, 태어나 살아가면서 내가 받은 것과 결핍된 것들을 적는다. 이를 플러스와 마이너스로 총결산하여 최고로 높은 점수, 즉 받은 것이 가장 많을 때까지 가 본 다음 언제냐고 물었더니 지금이라는 사람이 제일 많고, 7세, 20대도 있었다. 그 지점이 상승의 꼭대기이며 이제부터 하강할 것이라고 말한다. 가진 것들을 버리는 순서를 정한다. 그러고 나서 실제로 움직이면서 그것들을 차례로 경험해 본다. 즉, 그것들을 버릴 때마다 움직임으로 표현한다. 먼저 한 것은 머리로 생각한 것이고 이후 움직임을 병행한 것은 몸 작업인 만큼, 하고 나면 아마도 순서가 바뀌기도 할 것이다. 이 경험을 통해서 자신이 치료사로서 참여자를 어떻게 만나는지 알아차리도록 한다.

3인 1조가 되어 앞서 해 보았던 가장 보여 주고 싶지 않은 감정 표현을 한 명씩 해 보았다. 나는 구석에 앉아서 허공을 향해 누군가를 목 조르는 시늉을 하고 노려보는 자세를 취했다. B는 나와 마주 앉아 목을 조르는 내 두 손에 자기 목을 갖다 대려 했으나 나는 밀쳐 냈다. 전혀 위로되지 않았다. 내 분노의 두 손을 막을 수도 없었으며 마주 앉아 있는 것도 부담스러웠다. C는 내 옆에 앉아서 내 팔을 계속 쓸어내리며 소리 내어 울어 주었다. 그때 북받쳤던 감정이 마구 터져 나왔다. 창피했지만 눈물을 멈출 수 없었다. 내 슬픔, 내 아픔에 그저 공감해 주고 함께 울어 주는 사람이 필요했던 것 같다. 같이 울어 주는 게 내 아픔이 있는 그대로 인정받는 것 같아 큰 위로가 되었다.
집단 모두 둘러앉아 한 명씩 나와서 사랑의 신이 되었다. 다른 참여자들은 방해자로 다가가고 사랑의 신은 이들을 품어 주어야 한다. 만약 이건 정말 품어 줄 수 없겠다는 사람을 발견하면 멈춘다. 모두들 사랑을 주는 신의 조각상을 잘 만들었으나, 나는 도저히 하지 못하겠다는 생각이 들었다. 그저 외면하고 싶고 나에게 오지 않았으면 하는 마음이 컸다. 내가 등 돌리고 싶어 하자 치료사는 참여자들을 대하는 마음으로 해 보라고 하였다. 나는 아이들을 예뻐하는 모습을 형상화했지만, 표정은 여전히 굳어 있었다. D가 장난스런 아이의 모습으로 내 품에 파고들었다. 부담스러워 미칠 것 같았지만 꾹 참고 꽉 안아 주고 등을 쓸어 주었다. 그때 왠지 모르게 눈물이 왈칵 쏟아질 것 같았다. F는 다른 쪽으로 와서 내 볼에 뽀뽀하려고 해서 나는 급히 못 하겠다고 선언했다. 말은 그렇게 하면서도 얼굴엔 미소가 번졌다. 사랑을 주는 것에 서툴고, 받는 것도 어려워하는 내 모습을 다시 인식하였다. 하지만 이 활동 자체는 행복감을 느끼기에 충분했다. 사랑을 주는 경험을 해야 하는데, 나 혼자 사랑을 받는 경험을 한 것 같다.

-B의 일지-

오늘 표현 놀이는 색과의 동일시, 자연과의 합일, 사랑 개념 체화로 진행하였다. 앞에서 언급하였듯이 최인훈은 희곡이 지니는 가외의 힘, 즉 여백을 강조한다. 연극치료는 바로 이것을 적극적으로 활용하는데, 이번 작업을 하면서 또 새롭게 이 작품의 깊이에 감동한다. 결국 최인훈은 우리가 사는 이 삶은 사랑이라고 말한다. 사랑의 정체는 과연 무엇일까? 주는 것, 희생, 기다림 등등. 우리 모두에게 각자의 의미로 다가온다. 나에게 사랑은 나를 비우는 것이다. 나는 그래야만 줄 수 있고, 희생하고 기다릴 수 있다고 생각한다. 나를 비우는 최상의 상황은 죽음일 것이다. 그렇다면 모순적이기도 하겠지만 죽음은 곧 사랑이다. 이것을 받아들이면 끊임없이 삶과 죽음을 반복 순환하는 인생 전체가 이해된다. 이렇게 될 때 우리는 삶과 세계에 대한 근본적인 인식에 조금이나마 다다를 수 있을 것이다.

## 4 4회기: 변신 놀이

마지막 회기인 만큼 그동안 작업이 자신의 일상에 영향을 미친 부분이 있는지 이야기를 나눈다. 오늘은 변신이 핵심이다. 변신은 지금까지 익숙한 역할과 반대되는 역할을 경험하는 것이다. 먼저 두 가지 역할을 입어 본다. 하나는 이 장면을 만든 신, 또 하나는 이야기에 등장하지 않는 아빠. 각자 편하게 선 다음 다시 희곡을 읽어 준다. 참여자들은 실감 나게 상상하면서 자신의 반대 역할을 고른다. 왜 그런지 거부감이 드는 역할이면 된다. 대부분 엄마를 고른다. 이 회기에 참여한 7명 가운데 이기적인 엄마를 선택한 사람이 3명, 이중적인 엄마 2명, 책임감 있는 엄마가 2명이다. 비슷한 역할을 고른 팀으로 나누어 각자 알아서 마음껏 해 보고 싶은 장면을 만든다. 제대로 역할을 입은 사람도 있지만 못 한 사람도 있어서, 다시 모두 아이가 되도록 한다. 하늘로 올라가서 동아줄을 양손에서 내리는데 호랑이와 엄마에게 각자 원하는 동아줄을 내린다. 그들이 어떻게 죽는지 보라고 했더니 대부분 다 타고 올라온 엄마를 보고 줄을 끊거나, 썩은 동아줄을 내린다. 심지어 엄마가 죽는 모습을 보지 못하는 사람도 있다. 반대 역할을 경험했으면 두 역할을 병합하는 것이 필요하다. 양손에 두 역할을 들어 본다. 그것이 각각 몸 어디에 있는지 느끼면서 움직여 본다. 분명히 한쪽으로 찌그러진 형태가 나올 것이다. 그런 다음 조각상으로 확실히 표현한다. 마지막으로 역할 점검표를 다시 작성하고 작업을 마친다.

각자 3회기까지 진행하고 나서 어떠한 변화가 있었는지에 대한 이야기를 나누었다. 나는 엄마와의 관계에 대한 변화가 스스로 느껴졌던 것 같다. 엄마의 말에 무조건적인 수용을 하며 살아왔다가 이를 벗어나고자 하는 마음이 드니 원망이 함께 찾아왔다. 이전까지 그런 경험이 없었기 때문에 아직 건강한 방식은 아니지만 원망을 표현하려 하는 내가 느껴졌다. 동시에 내가 정말 엄마를 원망할 줄 모르고 원망하지도 못했다는 생각이 들었다. 오히려 죄책감이 크게 다가왔는데 이번에는 그럼에도 원망하는 마음이 더 크게 느껴졌던 것 같다.

이야기 속 세상을 만든 신 혹은 아이들의 아버지가 되어 관찰하기로 했다. 이야기를 넓게 바라보는 입장이 되는 것이다. 나는 아버지가 되어서 모든 것을 지켜보는 역할을 했다. 그러자 엄마에게 화가 났다. 왜 저러는 걸까, 왜 저렇게 바로 아이들을 내어 주나, 아이들이 불쌍했다. 작업 후 이야기를 나눌 때 '방관하는 아버지'에 화가 났다는 말에 놀랐다. 충분히 그럴 만한데 나는 그런 생각이 전혀 들지 않았다는 것에 놀랐던 것 같다. 그러고 보니 '내가 지금 이렇게 방관하면서 누가 누구에게 화가 나는 것인가?'라는 생각이 들었다. 하지만 나로서는 엄마에 대한 원망을 이야기해서 그런지 엄마 역할에 굉장히 화가 났다. 옆에 있어 주는 사람이 한순간에 호랑이에게 던지는 모습이 너무 원망스럽게 느껴졌다.

이제 나에게 필요한 역할로 나누어 연극을 할 때, 머리로는 '엄마를 원망하는 아이'라고 생각했다.

이 또한 내가 앞서 이야기한 나눔과 관찰에 영향을 받은 생각이었다. 나는 아이 역할을 제대로 입어서 '나를 호랑이에게 쉽게 던진 엄마를 원망해야지!' 하는 마음이 있었다. 그런데 내가 하지 못했던 것, 원래의 나는 하지 못했던 것을 해 볼 수 있는 역할을 입어 보자는 말에 이상하게 끌리는 것은 엄마였다. 원망보다 더 강하게 '버리는 것'을 하고 싶었다. 흔들리지 않고 냉정하고 차갑고 나만 생각하고 나만 살겠다는 엄마의 그 행동이 하고 싶었다. 그게 원망과 연결이 되는 것 같았다. 내 원망은 버리는 것에서부터 시작되는 것이 아닐까? 이야기 속에서 엄마가 아이를 냉정하게 호랑이에게 던진 것처럼 나도 현실에서 엄마 품속에 있는 내가 이제 나와서 엄마를 버리고 떠나고픈 그런 게 아니었을까? 이야기를 나눠 보니 다양한 엄마들이 있었는데 난 정말 이기적이고 싶었나 보다.
'자기 혼자 살겠다고 버리는 엄마', 희생이라는 것은 할 생각도 없고 눈치 보고 싶지도 않고 그저 나의 안위만 생각하고 싶은 욕구가 엄청나게 차올랐다. 거기서 왠지 모를 큰 만족감이 느껴질 것 같았다. 내 연극은 너무 명확했다. 아이를 내세우고 난 살아남기. 이 연극을 할 때 가장 좋았던 것은 '죄책감'이 들지 않았던 것이다. 초반에 엄마 역할에 죄책감을 느꼈던 나였는데, 그저 해맑게 본능적으로 어떻게든 아이를 호랑이에게 주려고 애를 쓰고 있었다. 그리고 그렇게라도 살아야겠다는 내 마음이 간절했다. '절대 잡아먹히지 않을 거야, 내 애를 줘서라도.'라는 마음이었다. 하고 나서 오히려 더 호랑이한테 적극적으로 줄 걸 하고 아쉬운 마음이 들 정도였다. 죄책감이 들지 않았다는 것은 이 일지를 쓰면서 방금 떠오른 것이다. 그만큼 나는 시원했던 것 같다.
그런데 아이가 되어서 동아줄을 내릴 때 앞에서는 느껴지지 않았던 죄책감이 여기에서 나타났다. 아이가 되어 버리니까 다시 마음이 약해졌다. 아이로서 나는 엄마를 놓기 힘들었나 보다. 동아줄을 다 내리고 보았을 때 내가 가장 마지막에 끊어 냈다. 나는 끊어 낼지 말지에 대한 고민은 하지 않았다. '당연히 둘 다 끊어 내야지!'라는 생각이었다. 문제는 상상이 너무 잘됐다는 것이다. 호랑이는 한 치의 망설임도 없이 줄을 끊었다. 엄마도 그렇게 하려고 했는데, 그때 끊어 낸 다음 떨어지는 그 마지막 모습까지 다 보라고 하는 말에 그 순간 그 마지막 모습을 볼 자신이 사라졌다. 그걸 지켜볼 수가 없었다. 엄청 고민했던 것 같다. 얼굴이 막 보이면서 엄청난 죄를 짓는 것 같았는데 시간에 한계가 있으니 마지막의 마지막까지 버티고 선택할 수밖에 없는 상황을 만들어 결국 끊어 냈다. 마음이 무거웠다.
역할 그리고 반대 역할을 움직임으로 경험하는 작업은 굉장히 어려웠다. 어떻게 해야 할지 모르겠다는 생각이 들었다. 나의 역할은 뭘까 계속 고민했다. 하지만 막상 움직임과 함께 갔을 때 오히려 명확해지는 느낌이 들었다. 반대 역할이 나에겐 필요하고 원하는 역할로 다가왔기 때문에 그 역할로 가는 과정을 경험하였다. 즉, 자신이 선택한 역할 조각상을 정지 동작으로 표현한 다음, 서서히 움직이면서 변형하여 어떤 것이 반대 역할의 조각상인지 찾아보고 다시 정지하여 조각상으로 표현하였다.
다시 한 역할 점검표에서 나는 완벽주의자에서 생존자가 되었다. 그럼에도 불구하고 열심히 살아가고 있는 내가 보였고, 이제 심리적 둥지를 떠나 나 혼자 살아가고자 하는 마음이 커졌다. 언제나 그랬듯이 나는 질긴 생존력으로 어떻게든 살아 나갈 것이다. 생각해 보면 '그래, 실패하면 어떠냐. 내가 선택한 건데. 내가 책임지겠지.' 이런 마음이 있으면 된다. 그래서 이기주의자가 가장 나를 도와줄 것 같았다. 나만 생각하며 사는 것이 필요하고 그런 의미로 악당이 되고 싶었던 것 같다. 그 반대로 희생하는 것은 하고 싶지 않은 마음이 커졌다. 마지막 작업에 영향을 크게 받은 것 같다. 누군가에게 휘둘리는 것도 그만하고 오직 나만 생각하고 나의 생각과 나의 결정으로 온전히 나만을 위해 살아가는 것이 나에게 가장 필요한 것이 아닐까라는 생각이 든다. 그리고 이러한 생각으로 이어질 수 있게 내 몸이 자유롭게 움직여 준 것에 고맙다. 의심이 많고 저항이 컸던 나에게 이 작업은 그저 열심히 주어진 것을 모두 흡수하고 표현하는 시간이었다. 이것이 치료사와 참여자 간의 신뢰라는 생각도 들었고 나 스스로가 많이 유연해졌다는 것이 느껴졌다. 이젠 현실에서도 이러한 변화를 스스로 느껴 가는 것이 필요하겠다.

-A의 일지-

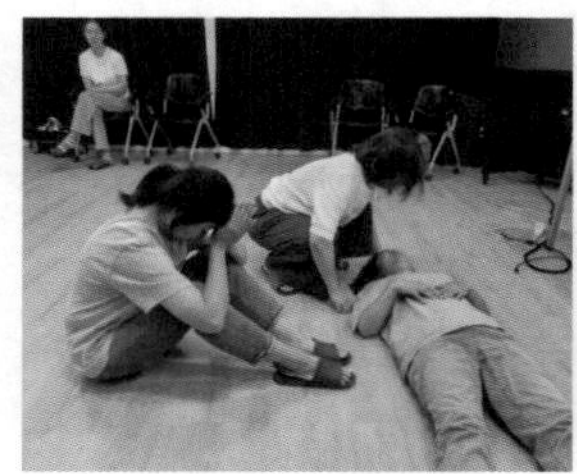

반대 역할 경험하기

변신 놀이의 핵심은 반대 역할을 찾는 것 그리고 익숙한 역할과 반대 역할 이 두 역할을 몸으로 인식하는 것이다. 어쩌면 이 과정에서 알아차리는 한순간이 있을 것이다. 바로 그것이 연극치료의 카타르시스 경험 중 하나다. 이것은 모든 것이 명증되는 찰나의 순간일 수 있다. 클로델이 말한 것과 같이 '한순간 얼어붙는 그 지점'이다. "이해한다는 것은 포착하는 것이다. 마치 시멘트가 굳어지고 겨울에 호수가 얼어붙는 것처럼." 연극치료가 다른 어떤 치료에 비해 효과적인 이유는 바로 변신 놀이에 있다. 이것은 진정한 의미의 '삶의 리허설'이다. 무대에서 우리는 내가 꿈꾸는 다른 현실을 살아 본다. 전혀 실제는 아닌데 마치 사실인 것처럼 몸으로 살아 봄으로써 변화의 의지를 실현한다. 그러므로 연극치료는 진정한 꿈 치료다.

**에필로그**

# 놀이와 연극치료 그리고 삶

연극치료는 연극으로 이루어진다.

연극은 역할들의 만남이다.

역할은 행동으로 말한다.

그렇다면 행동은?

바로 '나' 자신이다.

놀이를 통하여 만나는 진정한 나의 모습이다.

연극치료가 무엇이냐고 사람들이 물을 때마다 늘 또다시 새롭게 고민하곤 하였다. 그러고는 그때마다 또 미처 생각지도 못했던 것을 떠올리고 흐뭇했다. 이번에도 그랬다. 연극치료에서 새삼스럽게 놀이의 기쁨을 찾은 것이다. 가장 기본이면서 본질인 놀이가 행복을 준다는 사실을. 그래서 연극치료 작업을 하러 가는 길이 그토록 설레었나 보다.

특히 이번에는 그동안 만났던 사람들을 돌아보면서 뭉클함과 애틋함이 밀물처럼 몰려왔다. 한 분 한 분 연락을 취해 책에 실어도 되는지 허락을 구했는데 다들 반가워하면서 기꺼이 수락하였다. 이 중에는 앞으로도 더 만나야 하는 분도 있고 이제는 볼 수 없는 분도 있다. 몇 년 전 돌아가신 분을 대신해서 연락한 보호자는 반갑게 맞으며 기왕이면 많이 써 달라고 하였다. 누군가 그분을 기억해 주면 좋겠다면서. 어떤 분은 다시 생각해 보니 아직 회복된 것 같지 않다며 정중히 사양하였다. 그것 또한 좋았다.

내가 연극치료라는 이름으로 누군가를 만나는 시간은 그 사람의 전체 인생으로 볼 때는 스치는 인연과도 같다. 한 번이라면 기껏해야 한두 시간이고, 3년 이상 만난다고 해도 다 합치면 200시간 정도일 것이다. 참여자들은 그 시간을 나와 함께 보낸 다음 진심으로 고마워하면서 내가 자신을 살렸다고 말하기도 한다. 그 말을 들으면 난 더없이 행복하지만 그렇게 생각하지는 않는다.

연극치료사로서 나는 그와 잠시 만나는 극성맞고 오지랖 넓은 도우미일 뿐이다. 하지만 그 시간 동안 나는 최선을 다해 씨를 뿌린다. 그러면 언젠가 추수는 반드시 이루어지며, 그것은 바로 그가 스스로 있는 힘껏 일구어 낸 것이다.

우리 인생을 정리하면 누구나 한 편의 아름다운 연극이 된다. 일일이 다 기억하지도 못하는 긴 시간 속에서 특별히 각인된 어떤 것들만 수면 위로 올라오는데, 그마저도 추려야 내 삶의 의미가 드러난다. 이번에 나는 행복의 기억들만 수집할 수 있었다. 그들과 만나던 그 시간, 그 모든 것은 진정한 놀이였다. 그들과 나, 우리는 놀이로 만난 행복한 '깐부', 즉 친구이자 가족이었다.

『연극치료의 원리(Austin, 2023)』에서 저자는 이렇게 말한다.

> 흥미롭게도 우리 모두에게 존재하는 심리적 실체 혹은 '영혼'이 다름 아닌 동화 속 '가난한 소녀'임을 알게 된다. 수많은 이야기 속에서 소녀는 처음에 끔찍한 학대를 당하며 더러운 누더기 옷을 입고 있다. 그러나 신데렐라 이야기의 여러 판본에서 보듯이 그 누더기 옷은 이후 '햇살-별과 밤-아침의 분홍색'으로 수놓아져서 빛나는 옷으로 탈바꿈하고, 이야기는 언제나 왕자와 결혼하는 것으로 끝난다 (Austin, 2023: 38-39).

재투성이 아가씨 신데렐라는 소위 말하는 '내면 아이'다. 아무것도 할 수 없고 무기력해서 한없이 불쌍한 그 아이가 왕자를 만나면서 휘황찬란한 드레스를 입은 모습으로 바뀐다. 연극치료 현장은 이러한 기적이 일어나는 곳이다. 이를 위해 그곳은 '눈부신 햇살, 별과 밤, 아침의 분홍색'으로 가득 차 있을 것이다.

아니, 사실은 그렇지 않다. 신데렐라는 누더기 옷 안에 이미 눈부신 드레스를 걸치고 있지만, 우리 모두는 그 사실을 모르고 있었을 뿐이다. 알고 보니 난 결코 하찮은 존재가 아니라 세상에 하나밖에 없는 '오직 나'였던 것이다! 바로 이것을 알아가는 것이 연극치료라는 놀이의 역할이다.

# 참고문헌

강신익, 유건상, 이민용, 유강하, 정성미, 이영의, 김석수, 양정연, 박미리, 정락길, 심영섭, 이수진(2020). 인문예술치료의 이해. 한국문화사.

김승옥(2006). 프리드리히 쉴러: 그의 삶과 문학. 고려대학교 출판부.

노명우(2020). 호모 루덴스, 놀이하는 인간을 꿈꾸다. 사계절.

박미리(2002). 최인훈 희곡에 대한 연극적 고찰. 한국극예술연구, 16, 245-268.

박미리(2009). 발달장애와 연극치료. 학지사.

박미리(2013). 감정모델 연극치료. 학지사.

박미리(2018). 바리공주를 통해 본 치료사의 자질. 문학치료연구, 48, 75-106.

박미리(2021). 불안장애 증상 완화에 관한 연극치료 고찰: 성인 개인 작업 사례 중심으로. 연극예술치료연구, 14, 33-63.

신동흔(2023). 신화, 치유, 인간. 아카넷.

이선형(2016). 한국의 굿과 연극치료의 연계 가능성 연구. 한국연극학, 1(58), 5-32.

진중권(2020). 놀이와 예술 그리고 상상력. 휴머니스트.

최인훈(1979). 문학과 이데올로기. 문학과 지성사.

최인훈(1998). **옛날 옛적에 훠어이 훠이**. 문학과지성사.

표정옥(2009). **놀이와 축제의 신화성**. 서강대학교 출판부.

하태순, 구훈정(2017). 내면화된 수치심과 사회불안의 관계에서 탈중심화, 사후반추와 자기자비의 조절된 매개효과. **인지행동치료**, 17(3), 365-391.

황루시(2021). **뒷전의 주인공**. 지식의 날개.

Austin, S. F. (2023). **연극치료의 원리** (*Principles of drama-therapy*). (박미리, 윤선희 공역). 학지사. (원저는 1917년에 출판).

Barz, E. (2018). **융학파 사이코드라마**. (*Selbstbegegnung im Spiel-Einführung in das Psychodrama*). (이보섭 역). 라피스. (원저는 1988년에 출판)

Caillois, R. (2003). **놀이와 인간** (*Man, play and games*). (이상률 역). 문예출판사. (원저는 2001년에 출판).

Courtney, R. (2012). **교육연극 교육과정론** (*The dramatic curriculum*). (황정현 역). 박이정. (원저는 1980년에 출판).

Emunah, R. (1994). *Acting for Real*. Brunner-Routledge.

Huizinga, J. (2005). **호모 루덴스** (*Homo Ludens: A study of the play element in culture*). (김윤수 역). 까치. (원저는 1938년에 출판).

Johnson, D. R. & Emunah, R. (2011). **현대 드라마치료의 세계** (*Assessment in drama therapy*). (김세준, 이상훈 공역). 시그마프레스. (원저는 2011년에 출판).

Johnson, D. R., Pendzik, S., & Snow, S. (2013). **연극치료의 진단평가**. (박미리, 김숙현 공역). 학지사. (원저는 2012년에 출판).

Johnson, D. R. (2005). *Developmental Transformations: Text for practitioners*. Institutes for the Arts in Psychotherapy.

Johnstone, K. (2000). 즉흥연기. (*IMPRO: Improvisation and the Theatre*). (이민아 역). 지호. (원저는 1979년에 출판)

Jones, P. (2005). 드라마와 치료 (*Drama as therapy: Theatre as living*). (이효원 역). 울력. (원저는 1996년에 출판).

van der Kolk, B. (2017). 몸은 기억한다 (*The body keeps the score*). (제효영 역). 을유문화사. (원저는 2015년에 출판).

Luria, A. R. (2015). 비고츠키와 인지발달의 비밀 (*Cognitive Development: Its Cultural and Social Foundations*). (배희철 역). 살림터. (원저는 1976년에 출판).

Schiller, F. (2021). 미학 편지 (*Briefe über die ästhetische Erziehung des Menschen*). (안인희 역). 휴먼마트. (원저는 1795년에 출판).

Winner, E. (2004). 예술심리학 (*Invented world the psychology of the arts*). (이모영, 이재준 공역). 학지사. (원저는 1982년에 출판).

# 찾아보기

## 인명

## 내용

# 저자 소개

**박미리(Park, Mi Ri)**

용인대학교 명예교수. 이화여자대학교 불문과 졸업, 동 대학원에서 「Claudel 희곡 작품의 주제와 연극성」으로 문학박사 학위를 취득하였다. 용인대학교 연극학과 교수로 재직하면서 대학원에 연극치료학과 석사 과정 및 예술치료학과 박사과정을 개설하였다. 2003년 한국연극치료연구소를 설립한 이후 한국연극치료협회와 한국연극예술치료학회를 만들었으며, 연극치료의 학문적 임상적 발전에 전력을 기울이고 있다. 주요 저서로 『발달장애와 연극치료』 『감정모델 연극치료』 등이 있으며, 「〈물고기의 축제〉에 나타난 인물의 역할과 활용」 「자기 이야기 활용 연극치료 방법론」 「연극적 몸의 자기 인식 기여에 관한 고찰」 등 다수의 논문이 있다.

알기 쉬운 연극치료 시리즈 1

# 놀이로 만나는 연극치료

2024년 4월 10일 1판 1쇄 인쇄
2024년 4월 15일 1판 1쇄 발행

지은이 • 박미리
펴낸이 • 김진환
펴낸곳 • ㈜학지사
04031 서울특별시 마포구 양화로 15길 20 마인드월드빌딩
대표전화 • 02-330-5114 팩스 • 02-324-2345
등록번호 • 제313-2006-000265호

홈페이지 • http://www.hakjisa.co.kr
인스타그램 • https://www.instagram.com/hakjisabook

ISBN 978-89-997-3104-4 94180
978-89-997-3103-7 (set)

정가 17,000원